Ulrike Helmer

Muschiland

Ulrike Helmer

MuSchiland

Exkursionen in eine kulturelle Intimzone

Ulrike **HELMER** Verlag

Inhalt

Vorwort

Noch vor kurzem trugen Bücher über die weiblichen Genitalien Titel wie »Ich nenne es ›Da unten‹« (2008) oder »Die Scham ist noch nicht vorbei« (2005). Und das, obwohl Eve Ensler mit ihrem New Yorker Broadway-Erfolg »Vagina-Monologe« (1998) bereits neue Maßstäbe gesetzt hatte – wenn auch begrifflich falsche. Das Buch hätte dem Inhalt nach wohl eher den Titel »Vulva-Monologe« tragen müssen. Ensler war das durchaus bewusst: »›Vulva‹ ist ein gutes Wort, es ist genauer, aber ich denke, dass die meisten sich nicht im Klaren sind, was Vulva genau bedeutet.« (Ensler, 8)

Tatsächlich kam die Vulva erst in letzter Zeit so richtig ins Gespräch, auch wenn der Begriff sich schon in den Hochphasen der Frauenbewegung herumsprach. Von der »Vulva« schrieb bereits 1971 das *Boston Women's Health Book Collective* in »Our Bodies, ourselves«, das unter dem Titel »Unser Körper, unser Leben« auch hierzulande zum Klassiker der feministischen Aufklärungshandbücher avancierte, und 1979 erläuterte auch das »Handbuch Frau« die äußeren Geschlechtsorgane, wenngleich noch in Klammern, als »(Vulva)«. Doch der Begriff fand keine allgemeine Verbreitung, sondern blieb allenfalls auf feministische Szenen beschränkt.

Einstweilen waren wir schon froh, dass wir die immer leicht peinlichen Gespräche über die ›Scheide‹ überwunden und uns auf den akademischen Beckenboden der ›Vagina‹ gerettet hatten. Bevor hochoffiziell und medienweit von der Vulva die Rede sein konnte, musste erst einmal die Vagina begrifflich für alles ›da unten‹ herhalten. Richtungweisend war immerhin das V…

Als im Jahre 2008 Charlotte Roche den Buchmarkt mit ihren »Feuchtgebieten« überschwemmte, war mit einem Mal alles schon wieder viel zuviel. Zuviel Intimzone in aller Munde. So genau wollten wir es auch wieder nicht wissen. Im Kielwasser des Medienhypes erntete die Journalistin Mithu Sanyal aber immerhin ein gesteigertes Interesse für ihre feministische Dissertation, die unter dem Titel »Vulva. Die Enthüllung des unsichtbaren Geschlechts« (2009) dem Begriff eine weitere Schneise ins öffentliche Bewusstsein schlug.

Was hat die Vulva aus dem Tal des Schweigens befreit und die Sprachmauer um das weibliche Genitale letztlich zum Einsturz gebracht? Die fortschreitende medizinisch-biologische Aufklärung? Die bahnbrechende Selbstenthemmung der Frauen, allen voran der Feministinnen? Nicht zuletzt begleiteten und begleiten spektakuläre öffentliche Auftritte provokanter Künstlerinnen die Vulva auf dem Weg ins öffentliche Bewusstsein.

Wie auch immer, das Tabu ist gefallen, wir können nun offen reden. Wir können sagen: Ich habe eine Vulva! Wir können unseren Freundinnen sagen (oder zeigen?), dass wir, dass sie eine Vulva haben. Wir können es den Männern sagen, denen wir's gern sagen (oder mal richtig zeigen?) wollen. Und vor allem können wir unseren Töchtern sagen: Du hast eine Vulva, mein Liebes!

Das ist wunderbar, weil nun endlich ein Begriff existiert, der die weiblichen Geschlechtsorgane als Ganzes umfassend benennt und nicht auf einen Tunnel oder eine Schwerthülle oder gar nur auf ein Loch verkürzt. »Winter ade – Scheide tut weh«, sang der kleine Sohn meiner besten Freundin einst in kindlicher Unschuld. Heute werfen wir dem scheidenden Winter die Scheiden und Schwerter gleich hinterher.

Trotzdem. Um ehrlich zu sein, ist den meisten Frauen wie Männern ›Vulva‹ aber noch immer ein sehr unvertrautes Wort, das (um mit Eva Heller zu sprechen) entfernt an eine Automarke erinnert ... Manche Frauen sagen lieber ›Möse‹, aber auch nicht viele. Andere erobern mutig das abwertende

Wort ›Fotze‹ zurück (das indoeuropäische ›cunt‹ kommt von *Kunda* oder *Cunti*: Bezeichnungen der Göttin Kali). Wieder andere sprechen weiterhin mit mehr oder weniger Unbehagen von der ›Muschi‹. Ich habe dieses Buch »Muschiland« genannt, weil der Titel unsere ganze Hilflosigkeit im Benennen spiegelt, während er zugleich mehr in Aussicht stellt: ein Ganzes. Ein eigenes Land. Diejenigen Feministinnen, die sich am Titel »Muschiland« stören, können also davon ausgehen, dass ich ihn mit kritischem Augenzwinkern gewählt habe – übrigens auch um die Hemmschwelle tiefer zu legen, die Frauen davon abhalten könnte, das Buch zu lesen. Denn ich wünsche mir von Herzen, dass möglichst viele Frauen es lesen, nicht nur jene, die alles, was drin steht, ohnehin schon besser wissen als ich ... (Für diejenigen zu schreiben, die alles schon besser wissen, scheint mir sowieso eine schlechte Zielgruppenbestimmung für ein Buch, das mehr Wissen vermitteln will.) So war es mir auch wichtig, eine Sprache zu finden, die möglichst wenig abschreckt. Obwohl, liebe Ladies, es geht nicht ganz ohne die Mühe des Begriffs, weil die Angelegenheit nun einmal nicht so einfach ist. Humor hilft aber in allen Lebenslagen, und so habe ich auch mit dem Augenzwinkern nicht gespart.

Das vorliegende Buch will Frauen, Mädchen, Ladies, Lesben, Damen, Schlampen, Mütter ... einladen, sich ein eigenes Bild zu machen – von sich und von anderen Frauen. Es will sie zu eigenen Körperbildern und Wünschen begleiten und ihnen helfen, sich nicht von Zerrspiegeln blenden zu lassen. Denn Mythen und Irrtümer über die Vulva umstellen uns nach wie vor, obwohl die Mauer des Schweigens gefallen ist. Und: Auch männliche Leser sind willkommen, sofern sie die Exkursion mit dem gebührenden Respekt vor dem weiblichen Geschlecht antreten. Für die anderen gibt es anderswo passendes »Anschauungsmaterial« ...

Über ihre Vulva bestimmen europäische und amerikanische Frauen heute in zunehmendem Maße selbst. Sie zeigen ihr

Geschlecht, sie schmücken und frisieren es, tragen einen Irokesen im Slip oder unterziehen sich dem »Brasilian waxing«, lassen sich operativ verschönern und genießen offener denn je Oralsex. Unsere Mütter und Großmütter können zufrieden sein: Die Missionare haben die Stellung längst verlassen, der Kampf um den klitoralen Orgasmus ist haushoch gewonnen! Das geht in die feministischen Analen ein ...

Doch wer wollte schlichtweg von Befreiung sprechen, während in manchen Teilen der Welt weiterhin rituell weibliche Genitalien beschnitten und auch hierzulande in steigender Zahl Hymen repariert werden, als beliebig erneuerbarer Schutzwall des Jungfräulichkeitsversprechens? Kann man aus tiefstem Herzen die üblen Sitten der Frauenverstümmelung in Afrika anprangern, wenn in der sogenannten »Ersten Welt« mittlerweile das Klitorisvorhaut-Piercing zum Massenschmuck wird? Ist alles obercool, nur weil hierzulande die Frauen selbst entscheiden, sich die Vagina designen und die Schamlippen modellieren zu lassen? Und, mal ganz dumm gefragt: Woher um alles in der Welt nehmen sie dazu eigentlich die bildhaften Idealvorstellungen?

Meine These ist: Wir haben es in Muschiland nicht nur mit Ungleichzeitigkeiten zu tun oder mit verschiedenen Kulturen. In gewisser Weise stellen Genitalbeschneidung und Designervaginas nur zwei Seiten derselben Medaille dar. Was vielleicht, sofern Frauen sich tatsächlich vielfältig und kreativ körpergestalten, noch durchginge. Doch sie werden längst global nach der Westvariante durchnormiert und normieren sich selbst – in Richtung Unfreiheit. Ein »Anything goes« verbietet sich angesichts der Brisanz eines Körperortes, der traditionell und bis heute heißumkämpftes Terrain ist – von der Frauenbewegung wie von Christentum und Islam. An der Frage der Sexualkontrolle, des Zugangs zu den Genitalien der Frau also, entscheidet sich, ob wir von Patriarchat reden müssen oder von Geschlechterdemokratie und Menschenrechten.

Wenn wir über die Vulva reden (oder schweigen), bewegen wir uns auf vermintem Gelände. Hier befinden wir uns im Land der Heiligen und der Huren, der angebeteten Göttinnen und der verbrannten Hexen, wir wandern über das Schlachtfeld von Ehre und Scham. Wenn wir von ›Vulva‹ sprechen, sprechen wir auch von Feminismus und davon, dass »Mein Bauch mir« gehört. Wir benennen den Ort der höchsten Lust und der tiefsten Entehrung. Wir stehen ergriffen am »Tor des Lebens« (ebenfalls ein Buchtitel) oder besichtigen die ›Vagina dentata‹. Wir betrachten die Bühne der Pornografie. Wir betreten das Epizentrum von Freuds »Dunklem Kontinent«, inspizieren (mit Handschuhen, selbstverständlich!) das hygienische Wunder himmelblauer Tamponwerbungen und Slipeinlagen-Pampers für die Frau.

Dabei kann dieses Buch, ich gebe es ehrlich zu, mit keinen wirklich bahnbrechenden Neuentdeckungen aufwarten. Es soll vielmehr eine fällige Zusammenschau bieten, denn in den vergangenen Jahren sind nicht wenige wegweisende Publikationen über Frauen, Körper, Sexualität und die weiblichen Genitalien erschienen. Werken wie denen von Natalie Angier, Susie Orbach, Mithu Sanyal, Ada Borkenhagen und Elmar Brähler ist zu wünschen, dass viele Menschen sie lesen! Wenn ihre Inhalte weite Verbreitung finden, könnte das vielen Frauen und gewiss auch einigen Männern zu einer neuen Sicht auf ihre Körper und einem veränderten Umgang damit verhelfen. Dazu soll auch »Muschiland« einen Beitrag leisten. Ich habe Argumente zugespitzt und Betrachtungsweisen zusammenfassend aufeinander bezogen, um sie auf diese Weise zugänglich zu machen für Menschen, die (schon aus zeitlichen Gründen) keinen Stapel Fachbücher lesen. Damit es anschaulich bleibt, habe ich Romanpassagen untergemischt. Wer wollte ernsthaft behaupten, dass man aus Geschichten nichts lernen kann ...?

Für Geschichte gilt das auf jeden Fall: Das Verständnis historischer Zusammenhänge macht uns plausibler, warum die Gegenwart so ist, wie sie ist. Alles, was unser aktuelles Leben bestimmt, beruht schließlich auf Vergangenheit. Dennoch habe ich historischen Aspekten nur wenig Platz eingeräumt. Die aktuellen Entwicklungen rund um Körperbilder und Schönheitsoperationen heben sich auf dramatische Weise von allem bisher je Dagewesenen ab – so viel chirurgische Gestaltbarkeit und persönliche Veränderungswut am Körper bis in intimste Bereiche hinein, gar bis unter die Haut, gab es noch nie. Da hilft uns der Verweis auf historische Bezüge nur mäßig weiter. So schien mir für ein Buch, das den Blick nach vorn öffnen soll, das Ausbreiten historischer Vorentwicklungen am ehesten entbehrlich.

Unentbehrlich beim Schreiben waren dagegen meine Mitarbeiterinnen Inga Pulkert und Ines Schäfer, denen ich für ihre Unterstützung sowie für anregende und oft lustige Diskussionen danke. An Jo geht ein Dankeschön für die Anregung zu Seite 165. Allen, die auf das Buch schon gewartet haben, danke ich herzlich für ihre Geduld.

Ich lade Sie ein, mich nun auf der Expedition nach Muschiland zu begleiten und dieses kulturelle Terrain gewinnbringend und lustvoll zu sichten.

1. Körperwelten

»Während ein Mensch früher sein ganzes Leben lang meist ausschließlich sich selbst und den Partner beim Sex zu Gesicht bekam, ist heute der Blick des Voyeurs die Regel, sogar unter Kindern. Für eine wachsende Zahl junger Leute geht Pornographie nicht mehr mit Sex einher, sondern ihm voraus. Noch bevor sie einen anderen Menschen sexuell berührt haben oder irgendeine Form von sexueller Beziehung eingegangen sind, haben viele Kinder Hunderten fremder Erwachsener beim Sex zugeschaut.« (Natasha Walter)

Vulva. Das weibliche Lustzentrum ist umfassend benennbar und damit sichtbar geworden. Denn was keinen Namen hat, ist mehr oder weniger nicht vorhanden. Lange Zeit haben Frauen mit Worthülsen, Verhunzungen oder Verniedlichungen auskommen müssen – und mit der damit verbundenen Unsicherheit gegenüber ihrem eigenen Geschlecht. Die Vulva »Vulva« zu nennen ist also begrüßenswert, auch wenn der Begriff bislang noch wenig im Alltagsvokabular vorkommt und manche irritiert. Sprechen Frauen über ihre Genitalien, reden die meisten nach wie vor eher von Mösen und Muschis und nehmen dabei den Anstrich des Ordinären oder Albernen in Kauf. Sie zögern noch, begrifflich selbstbewusst aufs Ganze zu gehen – vielleicht, weil ihnen das passende Ganzheitsgefühl fehlt und auch die Unsicherheiten und antrainierte weibliche Scham noch nicht abgefallen sind.

Dass die weiblichen Genitalien inzwischen mehr und mehr als ein Ganzes gesehen werden können, verdankt sich auch den bahnbrechenden, erst unfassbar spät (1998) durch wissenschaftliche Studien ergänzten Entdeckungen eines höchst imposanten Körperteils, von dem lange mehr oder weniger nur dessen K(n)öpfchen bekannt war: die Klitoris. Sie umspannt und durchdringt in Wahrheit die gesamte weibliche Genitalzone und sorgt für genitale Ganzheit auch des Erlebens.

Entdeckt wurden die klitoralen Weiten wohl zunächst durch anatomische Forschungen ganz und gar praktischer, nämlich lustvoller Art: Angespornt durch die Frauenbewegung, forderten Frauen seit den 1970er-Jahren mehr sexuelle Aufmerksamkeit. Sie zeigten sich nicht mit den üblichen Rein-Raus-Spielchen zufrieden, sondern wollten erotische Stimulation dort, wo es ihnen am meisten Lust bereitet. Klitorale Orgasmen und Oralsex traten ihren Siegeszug an. Diesem sich seither selbstbestimmt verschärfenden Blick auf die weiblichen Lustregionen ist es zu verdanken, dass uns heute für die Genitalien von Frauen nicht mehr nur Worte zur Verfügung stehen, die Löcher und Schächte beschreiben.

Die »Befreiung« der weiblichen Genitale wurde allerdings nicht nur in den Selbsterfahrungsgruppen der Frauenbewegung befördert, sondern vor allem auch von kommerziellen Interessen in aller Nachdrücklichkeit betrieben. In einem historisch völlig unbekannten Ausmaß wurden in den letzten Dekaden nackte Frauenkörper medial zur Darstellung gebracht und zur Betrachtung freigegeben. Die Sichtbalken fielen – Auflagen und Klicks stiegen. Die öffentliche Freilegung und Zurschaustellung dessen, was Frauen unter ihrer Kleidung und insbesondere zwischen den Beinen haben, verlief parallel zur Verbreitung pornografischer Bilder in Filmen und schließlich im Internet, über das inzwischen via Handy auch die hintersten Schulhöfe erreicht werden. Wie verschiedene Untersuchungen zeigen, haben rund 70 Prozent der dreizehnjährigen Mädchen und rund 90 Prozent der Jungen heute bereits pornografische Fotos und Filme gesehen: im Internet, auf Porno-DVDs oder Videos.

Erkundung und Benennung werden immer auch begleitet von Gestaltungsmoden aller Art: So haben die eingehende Besichtigung und Stimulation vor Ort und ihre optische Betonung durch enge Hosen oder die zeitweilig hyperhippen Tangaslips sicherlich auch zum Siegeszug von Damenrasierern beigetragen und Intimschmuck in Form von Piercings und Tattoos befördert.

Während also einerseits Frauen als Folge der Frauenbewegung sich und ihre Lust selbst(bestimmt) entdeckten, wurden Frauenkörper andererseits massiv in kommerzielle Verwertungszusammenhänge eingebunden und in einem nie da gewesenen Maße in sexuierenden, normierenden Darstellungen in Szene gesetzt. Die Entwicklungen, die Frauen durchaus unter die Haut geht, stehen im gesellschaftlichen Zusammenhang einer amorphen neuen Körperlichkeit, die längst alle Grenzen hinter sich gelassen hat – außer denen des Kommerz. Die grenzenlos gewordenen neuen Körper sind willfährige Träger eines grenzenlosen, längst globalisierten Verwertungsinteresses: Sie sind die Tragflächen eines schnell drehenden konzernbestimmten Textilmarkts, der subkulturelle Anregungen aufsaugt, in Indien oder Sri Lanka in wenigen Wochen in den neuesten Klamottenschrei umsetzt und die globalen Kleidershops mit Unmassen chemisch eingefärbter Billigbaumwollware überschwemmt – während sich von den Armen und Beinen der Textilfärber allmählich die von giftiger Farbe zerfressene Haut ablöst.

Die neuen Körper sind grenzenlos aufhübsch- und umstylebar, massier- und trainierbar, bleach- oder bräunbar, zu- und abnehmbar, man kann sie permanent zum Verjüngen und Enthaaren bringen. Und alles hat seinen Preis.

Körper ohne Grenzen. Gunther von Hagens Muskel- und Skelettschau plastinierter menschlicher Körper führt uns die

Speerspitze möglicher Entblößung vor Augen. In seinen »Körperwelten« werden Menschen nicht nur nackt, sondern sogar ohne Haut dargestellt. Die seit 1996 bestehende Ausstellung zelebriert die vollflächige Aufhebung äußerer Körpergrenzen.

Von Hagens bis heute umstrittene Knochenschau zeigt vor allem eines: Welches gesellschaftlich akzeptierte Ausmaß die Sucht nach Zurschaustellung und die Lust auf Begaffen inzwischen angenommen haben. Die »Körperwelten« sind damit nur Teil einer gigantischen globalen Körpershow, in der das Enthüllungs-, Betrachtungs- und Bewertungsgebot sich Bahn gebrochen hat. Im Zentrum dieser Fleischbeschau stehen insbesondere die Mädchen und Frauen: In den letzten Dekaden werden pausenlos und überall ganz und gar nackte oder in aufreizender Dosierung enthüllte Frauenkörper medial inszeniert. »Weiberleiber« wäre vielleicht ein angemessener Titel für diese permanente Ausstellung, die uns auf Schritt und Tritt begegnet: In der Fernsehwerbung und auf Plakaten, auf Werbebannern und Promiseiten im Internet, auf den Catwalks der Shopping malls, beim Thai oder im Sushi-Restaurant, in Fitnessstudios und Diskotheken, in Schulen und Büros, ja, inzwischen sogar schon in den Kindergärten. Längst sind weibliche Körper nicht mehr an und für sich vorhanden und darstellbar, sondern sie werden zu Objekten eines allgegenwärtigen sexuell wertenden Blickes. Frauen und Mädchen werden nicht nur beschaut und für hübsch oder hässlich befunden, sondern einer Betrachtung unterzogen, die sie sexualisiert. Und sie bedienen in der Wahl ihrer Kleidung, Frisur und Make-up wie im Verhalten auch selbst mehr oder weniger diesen Blick, den sie so gut (er)kennen. Damit bringen sie ihrerseits jedes betrachtende Auge unausgesetzt und ungefragt in die Position des Voyeurs und nötigen es zur immergleichen Stellungnahme: Sexy oder nicht?

Bei der »Weiberleiber«-Schau geht es also nicht einfach um Schönheit. Der entscheidende Maßstab dieser Körperschau ist kein ästhetischer, sondern ein sexueller: Frau sieht (nur) dann gut aus, wenn ihr Aussehen sie auch sexy erscheinen lässt. Sexy ist sie dann, wenn sie sich so bewegt, als ob sie jederzeit auch als Playboy-Häschen oder Pole-Tänzerin anheuern könnte. Sexy ist eine Frau, wenn ihre Körpermaße sich einer Art Lara Craft mit (unnatürlich) dicken Melonenbrüsten, irritierend schmaler Taille und prallem Po annähern. Mit der sexualisierten Wahrnehmung weiblicher Körperlichkeit entwickelte und verbreitete sich das Körperideal einer höchst künstlichen, sexpuppenhaften Gestalt. Die Jugendsprache spiegelt das anschaulich wieder, indem sie auf den jahrelang führenden Begriff »echt geil« nun die Beschreibung folgen lässt, dass etwas »voll porno« sei.

Sexy ist eine Frau jedenfalls immer dann, wenn sie einem fremden Blick sexuell attraktiv erscheint. Sie kann diesen fremden Blick allerdings auch verinnerlichen und auf sich richten. Immer mehr Frauen wollen von sich aus so aussehen wie die Bilder, die ihnen normierte Darstellungen vorgeben, und sie tun viel dafür. Oft gehen sie dabei sogar bis an ihre Grenzen – und darüber hinaus. Wenn das Ziel nicht durch unerbittliche Disziplin bei Fitnesstraining plus Eiweißdrinks erreichbar ist, dann vielleicht durch künstlich herbeigeführtes Erbrechen; oder eben durch OPs. Mehr und mehr körpermodisch Versierte machen heute selbst vor Eingriffen im Genitalbereich nicht Halt, um sich Form und Farbe der Schamlippen nachbearbeiten zu lassen.

Wer weiß, wie lange die aufwändig herbeioperierte Supervulva ihrer Besitzerin überhaupt als schick gelten mag. Die Körpermoden wandeln sich mittlerweile fast so schnell wie die Kleidermoden. Wer weiß, was uns dann erwartet: Klitorisstickereien? Gebärmutterhalspiercings? Eingelassene Venushügelflügelfenster? Was vor ein paar Jahren noch alle obercool fanden, wird heute längst auf alten Fotos belacht. Das legendäre Beispiel für eine Körpermode, über die auch die meisten ehemaligen Trägerinnen heute eher schweigen, thronte als bläuliche Hautzeichnung eine Handbreit über dem Steiß: das »Arschgeweih«. Wie das einst beliebte Rücken-Tattoo werden auch andere fragwürdige Zierden irgendwann klammheimlich wieder abgelegt. Was neben gewissen Hautspuren auf jeden Fall bleiben wird, ist der Trend, den Körper an sich zu schmücken, selbst in intimsten Regionen. Es handelt sich hier um einen Trend zur Körpermodifikation, der sich vor rund zwanzig Jahren abzuzeichnen begann und seither ungeahnte Steigerungen erfahren hat. Die Macht dieser Entwicklung ist nicht zu unterschätzen, und ich halte sie für unumkehrbar: Die fortschreitende Bereitschaft zu Eingriffen auf und unter der Haut sorgt für eine nachhaltig veränderte Wahrnehmung des Körpers, der in einer historisch nie da gewesenen Weise in Frage gestellt wird. Erstmals liegt es in unserer Hand, wie wir aussehen. Heute ist es scheinbar unsere Entscheidung geworden, in welchem Körper wir leben wollen, und wir bewerten andere Körper danach, ob ihre Besitzer die in unseren Augen angemessenen Entscheidungen getroffen haben. Wenn man sich vor zwanzig Jahren – zumindest in Europa – fragte, wann der Kollege sich wohl die Zähne richten lässt, die Nachbarin sich die grauen Haare färbt und die Freundin endlich eine Diät macht, raunt man sich in den letzten zehn Jahren in Freibädern kopfschüttelnd zu, dass die Frau auf dem rosa Handtuch nicht mal die Bikinizone säuberlich rasiert und gar »einen Chinchilla unterm Arm« trägt. Und man sich mit »der Brust da auf halb vier« schon längst unters Messer gelegt hätte.

Gegen den Körperkult von heute waren einst gängige Zierden wie Ohrlöcher oder Knasttattoos schlicht Sandkastenspiele. Heute geht es um nichts weniger als die Modellierung der Gesamterscheinung, vom Kopf- bis zum Fußnagel-Styling. Man kann, nein, man muss sein gesamtes Erscheinungsbild selbst neu entwerfen. Immer mehr Menschen, Frauen voran, scheinen dabei fraglos zu allem bereit. Da wird nichts ausgelassen, alles steht zur Disposition. Die Begrenzungen liegen nicht etwa in der Machbarkeit, sondern allenfalls in deren Bezahlbarkeit.

Im Zuge dieser Entwicklung verliert der eigene Körper wie auch der anderer Menschen jedes Recht, so akzeptiert zu werden, wie er von Natur aus ist.

Globales Körperprojekt. Das Umwandlungsfieber lässt keine Zone des Körpers mehr unberührt – und längst auch keine Ecke der Welt. Denn das Geschäft mit sexualisierter Schönheit ist so global wie die Orientierung am einst westlichen Schönheitsbild. Die Unzufriedenheit mit dem, was man hat, steigt allüberall: »Körperhass ist mittlerweile ein heimlicher westlicher Exportschlager.« (Susie Orbach)

Rund die Hälfte aller Koreanerinnen lässt sich westliche Lidfalten operieren, China besitzt eine boomende Schönheitsindustrie – dort häufig durchgeführt sind Beinverlängerungen, um mit dem Westen auf Augenhöhe zu sein ... »In Brasilien ist der vormals eher unbeachtete Busen zum Sexualobjekt avanciert. Brustvergrößerung gilt inzwischen gewissermaßen als unabdingbare Begleitmaßnahme, wenn schon das Gesäß modelliert und das Gesicht gestrafft werden. (...) Doch wie auch in China, Iran und Litauen (und so ziemlich überall im Wirkungsbereich der globalen Medien) erstreben Frauen jetzt einen Körper, der von der visuellen Kultur hervorgebrachte und verbreitete westliche Schönheitsnormen widerspiegelt.« (Orbach, 172) Der brasilianische Staat finanziert, wie Susie Orbach berichtet, Brustoperationen sogar als Mittel zur Behandlung von Selbstwertstörungen, da ihm dieser Ausweg billiger erscheint als psychologische Hilfe, und in Argentinien wird von privaten Krankenversicherungen alle drei Jahre eine Schönheitsoperation abgedeckt.

»Muschiland« ist längst globalisiert. Es liegt im Kosmos jener kommerzialisierten Körperwelten, die im großen Maßstab vorgeben, was sich nun auch in der »intimen Geografie des weiblichen Körpers« (Angier) abspielt. Die Bilderflut, die über die Welt unserer Körper hereingebrochen ist, hat auch das Delta der Venus erfasst und in zwangsbewässerte Feuchtgebiete verwandelt. Wenn wir mehr über Muschiland wissen wollen, sollten wir fragen, was weltweit mit den Körpern insbesondere von Frauen geschieht, welcher Art von Bildern sie angepasst werden und wer dabei sein Geschäft macht – auf wessen Kosten.

Die Techniken der aktuellen Körperglobalisierung sind unterschiedlich und wandelbar, das Ziel ist jedoch ein und dasselbe: Immer mehr gestylte Haut zeigen oder doch zumindest jederzeit einen Überraschungseffekt entblößen zu können. Viele Frauen und auch Männer haben einen Trumpf im Ärmel, wenn sie die Hüllen ablegen. Sie zeigen, was sie so alles an Tattoogekringel, Ringlein und Knöpfchen zu bieten haben, als eine erotische Aufwertung ihres Körperbilds. Damit, so denkt man, kann man sich sehen lassen ... als besonders schön oder besser: als besonders sexy. Durch eine Verzierung, die nicht etwa nur dranhängt oder drüber liegt, sondern fester Bestandteil des Körpers ist. Die neuen Verschönerungen gehen unter die Haut und sie machen beileibe nicht beim Schmuck halt. Sie zeugen von aufwendiger Arbeit am Leib und einer Entschlossenheit, die zarte Gemüter schauern lässt. Das eigentliche Ziel ist, zu zeigen, was man mit Mut und Geld aus sich gemacht hat. Da werden Falten weggeschnitten, Lippen gebläht, Busenkissen untergeschoben und denkbar entlegene Regionen gebleacht, bis Form und Farbe stimmen. Muskeln im Gesicht werden lahm gelegt, Bauch, Beine, Po »definiert«. Das längst allgemein verbindliche Bühnenbild der Selbstdarstellung ist die ganzkörperliche Glattrasur.

Alles das ist nicht nur anstrengend, sondern tut oft auch weh und zieht erhebliche gesundheitliche Risiken nach sich. Von dem Skandal um minderwertige Silikonkissen, die eine französische Firma in Umlauf gebracht hatte, waren weltweit schätzungsweise 500.000 Frauen betroffen.

Die Absicht hinter all diesen Anstrengungen und Risiken liegt darin, der eigenen Identität eine sichtbare und »selbstgemachte« Einzigartigkeit zu verleihen. Das Problem dabei ist nur, dass die Ergebnisse sich oft zum Verwechseln ähnlich sehen ... Frauen sollen hinterher unbedingt wie 1a Weibsbilder aussehen und Männer so, wie man sich 1a Mannsbilder vorstellt. Auch an der Gender-Bebilderung hat sich in den letzten Jahren einiges getan, wenn wir beachten, dass Ken – der von Barbie – inzwischen massiv an Bizeps und Körpermuskulatur zugelegt hat. Die Lust oder – je nach Sichtweise – die Sucht, eifrig am eigenen Körperbild zu zimmern, hat zunehmend auch Männer erfasst. Kein Wunder, denn noch nie wurden wir so mit Bildmaterial bombardiert, das uns vorführt, wie man beidgeschlechtlich ›gut aussieht‹. Täglich strömt es hundertfach auf uns ein, vom Fernsehen, aus dem Internet, von Magazinen und aus der Werbung. Durchgestylte, weichgezeichnete Promis führen es vor, Frauen und Männer von nebenan machen es nach. Dass auch die Vorbilder nicht immer perfekt sind – ein unbedachter Moment lässt sie menscheln –, macht es noch schlimmer. Prominente Fehltritte und Fettröllchen werden von Paparazzis brühwarm aufgedeckt und im Vorher-nachher-Vergleich bloßgestellt. Das spornt die Massen der Unberühmten noch weiter an: Wenn die Superschönen und Superreichen nun durch Selbstdisziplin oder Operationsfreudigkeit zu toppen sind ...

Eine englische Zeitung lud männliche Leser dazu ein, Fotos vom Busen ihrer Freundin und vom Busen ihres weiblichen Lieblingsstars zu schicken. Zu gewinnen gab es eine OP, die den Freundinnenbusen dem Starbusen anpasst. Das Unfassbarste daran ist für mich, dass auch nur eine einzige Freundin sich zu so einer OP bereit erklärt hat und seither Gefahr läuft, beim Sex mit falschem Vornamen angesprochen zu werden. (Die Wahrheit ist wohl noch grausamer: Mit an Sicherheit grenzender Wahrscheinlichkeit wird sie hinterher auch noch mit den Dingern angeben – schau dir mal diese, die sind genau wie die von Pamela Anderson. Und mein Freund hat sie extra für mich gewonnen!)

Mit welchen Augen sehen Männer eigentlich heute Frauen an? Wie schauen Frauen auf Männer? Wie viel Vorwurf oder auch nur Missbilligung schwingt mit, wenn hängende Bäuche und schwingende Brüste in den Blick geraten? Generell gilt heute ja: Was überhängt, ist Anlass zum Fremdschämen oder Wegsehen, jedenfalls ein stummer Beleg für Versagertum. Außer Zweifel steht: Die Geschlechter beäugen einander mit immer kritischeren Augen. Zugleich werden sie sich ihrer eigenen Körper immer unsicherer. Kann ich mich meinem Freund so überhaupt zeigen, mal im Vergleich zu Angela Jolie? Was habe ich meiner Freundin vorzuweisen, gemessen an Brad Pitt? Bin ich in den Augen des anderen zu dick, zu dünn, zu groß, zu klein, zu alt, zu ... stinknormal? Es geht immer weniger darum, wie wir uns selbst sehen, sondern darum, was andere in uns erblicken, wenn sie uns anschauen. Dieser fremde Blick, der kein individueller ist, sondern ein aus den Medien entlehnter, dieser doppelt fremde Blick entscheidet darüber, ob wir uns selbst gefallen dürfen. Wenn wir in unserer Selbstbeschau Mut zur Lücke beweisen, riskieren wir viel. Die abweichende Ästhetik kann vernichtend sein, uns im Beziehungssupermarkt aus dem Regal fegen und am Ende zu sozialen Außenseitern stempeln.

Den Graben zwischen den Geschlechtern vertieft all das nur noch mehr. Noch vor ein paar Jahren konnten Männer angeblich bloß nicht zuhören und Frauen nur nicht einparken. Inzwischen sind die gegengeschlechtlichen Erwartungshaltungen deutlich gestiegen: Dank der auf professionellen Fotosets geschossenen, mit Bildbearbeitungsprogrammen aufwändig nachgebesserten Aufnahmen, dank der in Fitnessstudios auf Linie gebrachten, schlank gehungerten und von Schönheitschirurgen begradigten Körpersurrogatextrakte begegnen sich in den Erwartungshaltungen der Jüngeren und lebenslänglich Jugendlichen nun geschlechtliche Traumbilder: Auf der einen Seite laszive Playgirls irgendwo zwischen Lolita und Lara, die so (aus)schauen, als ob sie immer und überall Sex wollten. Auf der anderen: gestählte Männerkörper, die posen, als ob sie jederzeit könnten ... und beide Lager tun so cool wie irgend möglich: Was geht? Und im Hintergrund arbeiten sie härter an ihrem Erscheinungsbild als jede Generation zuvor.

Unlängst besuchte ich einen alten Freund. Als er seine Wohnungstür öffnete, fuhr mir der Schreck in die Glieder: Aus tiefen, dunklen Augenhöhlen blickte mich ein hohlwangiger Geist an. Erstaunlicherweise lächelte er, also hatte ihn wohl doch keine schwere Krankheit heimgesucht. Noch im Flur enthüllte er vor mir dann stolz das Nichts, an dessen Stelle sich vor zwei Monaten noch ein zierlicher Männerbauch befunden hatte. Wegtrainiert! Dieses Nichts zu erlangen war kein leichtes Spiel gewesen. Wochenlang hatte er dafür im Fitnessstudio an Geräten geschuftet und konsequent nur eine Mahlzeit am Tag gegessen. Meist bloß einen Salat. Für sein Bauchgefühl mochte es die Plackerei wert gewesen sein, aber das abgezehrte Gesicht und der magere Hals ließen mich an traurige Fotos aus dunkelster deutscher Vergangenheit denken.

Auch wenn sie sich im Rausch der Selbstkontrolle stählen und dabei im Vollbesitz ihrer geistigen Kräfte fühlen: Beim aktuellen Körpertheater machen beide Geschlechter sich zunehmend selbst und gegenseitig lächerlich. Darin mag man eine Art von Geschlechterdemokratie erkennen, aber nur weil sich nun auch Männer zum Affen machen, ist das Patriarchat nicht vorbei. Es parfümiert sich höchstens mehr und zupft sich neuerdings die Augenbrauen. In einer Welt, die trotzdem weiterhin den Mann als Maßstab setzt, verlieren Frauen immerzu an Gewicht. Dies gilt auch im wörtlichen Sinne. Es gibt inzwischen zwar eine steigende Anzahl magersüchtiger Männer, aber das ist wohl ein höchst fragwürdiger Fortschritt und erst recht keiner, der die Unterschiede nivelliert. Denn die Zahl der magersüchtigen Frauen steigt um so rasanter – nicht nur in Europa und den USA: »In Fitschi entwickelten binnen drei Jahren nach der Einführung des Fernsehens 1995 nicht weniger als 11,9 Prozent der jungen Mädchen willentlich herbeigeführtes Erbrechen – Folge des Ringens darum, den eigenen Körper den Körpern der westlichen Fernsehdarstellerinnen anzugleichen.« (Orbach, 171)

Wie ist es zu dieser Entwicklung unserer Körperkultur gekommen? Wie wachsen Kinder und Jugendliche, die Frauen und Männer von morgen, auf in Zeiten, in denen ihre Körper an und für sich nicht mehr als ausreichend empfunden werden? Woher rührt die Bereitschaft, sich nagende Unzufriedenheit, Verzicht, Leid und sogar Schmerzen zuzumuten, um das eigene Erscheinungsbild zu transformieren? Fühlen sich Frauen, sagen wir, mit gestutzten Schamlippen, tatsächlich besser, schöner, sexuell selbstbewusster? Was wissen sie überhaupt von ihrer ›Grundausstattung‹ und welchen Wert messen sie ihrem eigenen Empfinden noch bei?

Ich schlage vor, zunächst einmal offen für die Selbstentdeckung zu sein, statt gleich auf Optimierungskurs zu gehen. Die Reise durchs Muschiland ist allein schon deshalb interessant, weil nicht alles eine Frage der Technik ist …

2. Nackte Fakten

»Du wirst wesentlich mehr von den folgenden Beschreibungen und Erläuterungen haben, wenn du beim Lesen deine eigenen Geschlechtsorgane betrachtest. Nimm einen Spiegel, setze oder lege dich bequem hin und sorge für gutes Licht, eventuell mit einer Taschenlampe. Beim Lesen dieses Abschnitts solltest du möglichst nicht gestört werden.« (»Unser Leben, unser Körper« I)

Lehrbuchartige Beschreibungen der weiblichen Sexualorgane gibt es in allen Ausführlichkeiten und Unverständlichkeiten. Da dieses Buch weder ein Anatomiebuch noch eine Aufklärungsbroschüre ersetzen will, überlasse ich das ausführliche Darstellen des faktisch Gegebenen anderen Publikationen und beschränke mich an dieser Stelle aufs Wesentliche. Einen wunderbaren Leitfaden liefert dazu Natalie Angiers empfehlenswertes Buch »Frau. Eine intime Geographie des weiblichen Körpers«, auf das ich noch eingehen werde.

Bei Exkursionen hilft immer auch eine gute Landkarte. Leider habe ich auf der Suche nach tauglichen Lageplänen und anschaulichen Grafiken der weiblichen Intimzone nur viele äußerst unübersichtliche Zeichnungen gefunden. Zum Teil liegt das wohl auch an der Landschaft selbst. Es ist eben leichter, eine Insel mit Leuchtturm zu zeichnen als die Karte einer Berglandschaft inklusive Tunnelsystem, Höhlen und Erdölvorkommen ...

Immerhin fand ich einen praktischen Kompass – in Eva Hellers Roman »Welchen soll ich nehmen?«. Danke, liebe

Eva, denn so werde ich dieses Kapitel mit deiner höchst originellen Sexualkunde abschließen! Studentin Tilla, die Heldin des Romans, praktiziert sie mit ihrem Sexualpartner Thomas in England, wo beide als Touristenführer jobben – Auslandsaufenthalte bilden eben ... Bleibt zu hoffen, dass Eva Hellers kleiner »Sex Guide« Licht ins männliche Tal der Finsternis bringt. Denn nach Befragungen in Deutschland wussten noch vor kurzem nur zirka sechs Prozent der Männer, wo die Klitoris sitzt. Eventuell hätten sie den Ort vom »Kitzler« eher gekannt ... aber ob sie das über die 10%-Marke hinauskatapultiert hätte? (Gewiss nicht nur) deshalb jetzt:

Augen auf – die Vulva

Vulva ist der Name für das gesamte Oval, das die äußeren Schamlippen zeichnen – von der Klitoris bis zum Damm. In der Mitte des Ovals liegen mehr oder weniger verdeckt die inneren Schamlippen, der stecknadelgroße Ausgang der Harnröhre und darunter der Eingang der Vagina. Alles das ist umgeben von Schwellkörpern, insbesondere der Klitoris, durchzogen von Muskulatur und dem dichtesten Nervennetz, das der Körper überhaupt besitzt.

Wie groß, wie rosa, wie braun, wie faltig, wie glatt sieht eine Vulva aus? Hierauf gibt es eine klare Antwort: So oder so oder vielleicht auch ganz anders! Jede Vulva hat eine individuelle Gestalt – so verschieden Frauen in Farbe, Figur, Größe und Alter sind, so verschieden sind sie auch von Vulva zu Vulva. Die Bandbreite des normalen Aussehens ist riesig. Ganz und gar von der Norm abweichend ist allenfalls eine faltenlose, haarlose, gänzlich symmetrische Porzellanpuppenvulva in Mädchenrosa und mit akkuratem Scheitel, aus dem rein gar nichts herausschaut ...

Der hervorragendste Aspekt der Vulva ist der sichtbare Teil der Klitoris. Bei manchen liegt die Klitorisperle vielleicht unter den äußeren Schamlippen versteckt, bei anderen schaut sie stärker hervor. Bei den einen trägt die Perle eine ausgeprägte Vorhautkappe, bei den anderen nicht. Auch die inneren Schamlippen sind äußerst unterschiedlich lang und sind mehr oder weniger zwischen den äußeren Schamlippen sichtbar.

Die in die Gebärmutter mit Eierstöcken und Eileiter mündende Vagina variiert ebenfalls in Form, Größe und Länge immens, und auch hier sind die Grenzen des Normalen äußerst weit gesteckt. Unsere genitale Ausstattung bietet ein unerschöpfliches Maß an Individualität, so dass es mehr als verblüffend erscheint, wenn Frauen sich hinsichtlich ihrer Genitalien zunehmend sicher zu sein glauben, welches die Norm sei und dass sie sich daran anpassen zu lassen hätten.

Die Klitoris und die Lust

> *»Es ist zehn Uhr abends – weißt du, wo deine Klitoris gerade ist?« (Notiz am Schwarzen Brett der Redaktion des Ms.-Magazins – Gloria Steinem)*

Helen O'Connell besitzt nicht einmal einen eigenen Wikipedia-Eintrag. Dabei hätte sie für ihre Forschungsarbeit sogar ein Denkmal verdient. Eine Freiheitsstatue. Denn der australischen Chirurgin und Urologin hat die Menschheit – zum Ende des zweiten Jahrtausends! – eine wahrhaft bahnbrechende wissenschaftliche Entdeckung zu verdanken: Helen O'Connell *proudly presented*: die Klitoris.

Sie haben sich nicht verlesen, es ist wirklich unfassbar: Da musste das Jahr 1998 kommen, bis eine ambitionierte Forscherin herausfand, dass die Klitoris eine ganz andere Gestalt hat und mindestens zweimal so groß ist als bis dahin bekannt und in Büchern beschrieben: »Wissenschaftszweige wie die Anatomie lehren uns nichts zu dem Thema. Die Beschreibungen in den meisten Lehrbüchern sind ziemlich ungenau oder sogar falsch. Und sind die wesentlichen Forschungsunterlagen fehlerhaft, so ist es wahrscheinlich, dass vieles, das daraus hervorgeht, ebenfalls fehlerhaft ist«, so O'Connell.

In früheren Jahrhunderten war die Klitoris der Forschung zwar durchaus ins Auge gefallen, blieb aber in ihrer wahren Funktion und Größe völlig verkannt und als höchst gefährlich verunglimpft. Im 19. Jahrhundert wurde sie von Dr. Baker Brown, seines Zeichens immerhin Vorsitzender der British Medical Society, verdächtigt, Krankheiten wie Hysterie, Epilepsie und so manche Formen des Wahnsinns zu verursachen. Der Mediziner empfahl strikte Beschneidung. Als der belgische Forscher Edouard Van Beneden 1875 schließlich die Zusammenhänge der Befruchtung entdeckte, wurde die Klitoris zum »überflüssigen Organ« erklärt und gegenüber der Vagina als dem nun eigentlichen Geschlechts- und Lustorgan förmlich verteufelt. Nach 1948 verschwand sie zunehmend aus den Anatomiebüchern. Auch für die Medizin gilt: Wir sehen nur, was wir sehen wollen. Die medizinische Fachwelt hat offenbar lange Zeit weggesehen und sich mit oberflächlichen, ja sogar falschen anatomischen Beschreibungen begnügt, die aus vergangenen Jahrhunderten stammen und in denen der Klitoris höchst unterschiedlichste Größen, Formen und Positionen zugeschrieben wurden.

Erst Helen O'Connell schaute genauer hin: »Wir haben eine Menge Gewebe gefunden, das in keinem der gängigen Anatomiebücher beschrieben ist«, berichtete die Urologin im Wissenschaftsmagazin *»New Scientist«* und ergänzt vorsorglich: »Dass man das meiste davon nicht sehen kann, heißt noch lange nicht, dass es nicht da ist.«

Die Wissenschaftlerin vom Royal Melbourne Hospital forschte zu Blutbahnen und Nervensträngen des Organs, um sie für chirurgische Eingriffe wie etwa Gebärmutterentfernungen neu zu beschreiben und damit postoperativen Beeinträchtigungen im Lustempfinden vorzubeugen. Als sie für ihr Gutachten zehn Frauenleichen sezierte und mit einer 3-D-Kamera deren Unterleibe fotografierte, stieß sie auf ein beeindruckendes Mehr an weiblichem Lustgewebe ...

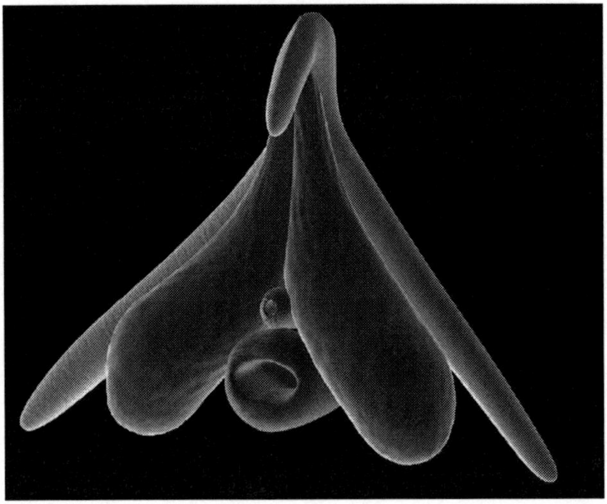

Pyramidenförmiges Schwellgewebe. »Der für das Auge sichtbare Teil der Klitoris befindet sich auf diesem Bild ganz oben; es ist jener Teil, der sich wie ein geschmeidiger Stiel zu den BetrachterInnen neigt.« Aus der ARTE-Dokumentation »Klitoris, die schöne Unbekannte«, 2004

Der gemeinhin bekannte sichtbare Teil der Klitoris setzt sich in einem pyramidenförmigen Schwellgewebe fort. Zwei Fortsätze von bis zu neun Zentimetern Länge erstrecken sich in Richtung der Oberschenkel und reichen einwärts in die Tiefe des Körpers hinein. Sie sind verbunden durch zwei zwiebelförmige Schwellkörper, die sich teilweise an die Vorderwand der Vagina anschmiegen. »*Der Spiegel*« zitiert die Forscherin: »Die Klitoris ist näher an der Harnröhre und bedeckt einen viel größeren Teil der vorderen Vaginawand, als bislang angenommen.« Und, so O'Connell: »Der Schwellkörperanteil ist sogar größer als beim Mann.«

Damit setzte Helen O'Connell nicht nur einen fulminanten Schlusspunkt unter Freuds Theorie vom Penisneid, sondern auch der Debatte um klitoralen oder vaginalen Orgasmus ein Ende: Offenbar drehte sich der ganze Streit einfach darum, von welcher Seite aus die Klitoris gereizt wird.

Auch das Rätselraten um den G-Punkt endete mit O'Connells Erkenntnissen, denn nach ihrer anatomischen Bestimmung der weiblichen Schwellkörper scheint das innerhalb des Körpers liegende Klitorisgewebe genau dort die Vaginawand zu berühren, wo der magische G-Punkt – benannt nach seinem Entdecker Gräfenberg – sitzen soll. Gräfenberg vermutete eine Art von innerer Zweitklitoris an der Scheidenvorderwand in der Nähe der Harnröhrenöffnung; allerdings hielt die amerikanische Sexforscherin Shere Hite den legendären Spot schon seit Jahren für einen Teil des »klitoralen Komplexes«. Seit O'Connells Forschung kann nun als bewiesen gelten, dass die Klitoris tief ins Innere des weiblichen Körpers reicht und auch vom Innenteil der Vagina aus stimuliert werden kann.

Unter dem Titel »Empfindsame Zwiebel« berichtete *»Der Spiegel«* am 10. August 1998 von O'Connells legendärer Entdeckung – nicht etwa auf dem Titelblatt, sondern auf einer einzigen Magazinseite unter der Rubrik Wissenschaft. So setzt sich in den führenden Medien jene Ignoranz fort, die bereits im wissenschaftlichen Forschungsinteresse gegenüber dem, was Frauen Lust macht, vorherrschend ist. Die berühmte amerikanische Wissenschaftsjournalistin Natalie Angier ging den Forschungen über die Klitoris einmal genauer nach: Für einen Veröffentlichungszeitraum von fünf Jahren fand sie in der größten medizinischen Online-Datenbank der Welt ganze knapp 60 Publikationen zum Thema Klitoris – gegenüber 1.800 Treffern zum Thema »Penis«. Kein Wunder, dass bei so wenig Erkenntnisinteresse die Ergebnisse äußerst mager ausfielen.

Auch Natalie Angier gehört zu denen, die sich auf ganz besondere Weise um das Thema ›weibliche Sexualität‹ verdient gemacht haben. In ihrem äußerst empfehlenswerten, ebenso informativen wie unterhaltsamen Buch »Frau. Eine intime Geographie des weiblichen Körpers« präsentiert sie ein wunderbares Kapitel über die Klitoris, auf das ich mich im folgenden beziehe. (Angier, 92ff.)

Das A und O an der Klitoris besteht darin, dass Frauen in ihr eine echte Luxusausstattung besitzen: Sie ist als einziges Organ allein dazu da, Lust zu verschaffen, und dient zu nichts anderem. Und auch die Lust ist Selbstzweck. Fürs Kindermachen ist ein Orgasmus sowieso überflüssig; selbst Männer können schon vorher lebensfähige Spermien entlassen. Frauen besitzen in ihrer Klitoris also ein Geschlechtsorgan, das nichts anderem dient als dem sexuellen Vergnügen. Durch die Klitoris wird weder gepinkelt noch ejakuliert, daher hinkt auch der viel bemühte Vergleich mit dem Penis bzw. der Peniseichel. Dafür ist die Klitoris ein Schaltzentrum der Lust, besser gesagt, ein echtes Nervenbündel: In ihr konzentrieren sich bis zu 8.000 Nerven, eine höhere Konzentration als im gesamten restlichen Körper. Frauen tragen also in der Schamspalte, weitgehend unter elastischem Muskelgewebe verborgen, eine wahre Schatztruhe – die sich übrigens bis ins hohe Alter hinein kaum verändert.

Mehr noch: Die Nerven der Klitoris stehen in Verbindung mit den rund 15.000 Fasern eines Nervengewebes, das den ganzen unteren Beckenraum durchzieht – ein Grund, warum auch der After eine erogene Zone darstellt.

Andererseits wissen Frauen nur zu genau, wie launisch Madame Klitoris sein kann. Mal will sie, mal will sie nicht; bei manchen – und zu diesen zählte eigenen Bekundungen nach auch Marilyn Monroe – will sie eher selten oder sogar nie. So gut wie immer sind Frauen auf ein gewisses Vorglühen angewiesen. Und wir alle wissen, wie schnell ein Gedanke dazwischenfunken kann. An dieser Wankelmütigkeit ist nichts Schlimmes außer der Tatsache, dass sich viele Frauen die Launen ihrer Lustgöttin als Eigenversagen ankreiden und sich für frigide oder die Klitoris gar für ein nichtiges Organ halten …

Hier bietet Natalie Angier neue Perspektiven. Ihre überraschende und gewiss entlastende These lautet: Genau so, nämlich launisch und wählerisch, soll die Klitoris auch sein! Denn eben darin lag ihr evolutionärer Daseinszweck. In der

Urhorde, so vermutet Angier zusammen mit anderen EvolutionsbiologInnen, setzten die Frühmenschenweiblein ihre Sexualität als eine Art Verständigungsmittel ein, um Freundschaften zu pflegen, sich Partner zu werben und zu halten oder sich eben andere zu suchen: »Diese Hypothese könnte erklären, warum Frauen so langsam in Fahrt kommen. Ihre Sexualität ist auf serielle Begegnungen mit einer Reihe verschiedener männlicher Schnellschießer angelegt.« Die eigenwillige Klitoris sei von ihrer Geschichte her also durchaus angepasst an eine Funktion, nämlich fortgesetzte Aufmerksamkeit, womöglich gar kollektive, zu erheischen, »wenn sie ihr Bestes geben soll«. Mit anderen Worten: Verzögerungen ebenso wie fortgesetztes Köcheln sorgten für arterhaltende Promiskuität und Selektion.

Würde der weibliche Orgasmus der innigen Bindung an einen einzigen Mann dienen, dann wäre die Klitoris wohl »weit effizienter, als sie es ist. Dann würde sie allein auf die Kopulationsbewegungen sofort ansprechen und würde Ruhe geben, sobald der Mann fertig ist«, zitiert Angier die Evolutionsbiologin Sarah Blaffer Hrdy. »Tatsächlich aber ist die Minderheit der Frauen im Stande, durch bloßes Ruck-zuck-Gerammel zum Orgasmus zu kommen.«

Wie es ausschaut, ist die Klitoris also nicht gerade ein Organ zur Förderung der Monogamie; eher waren »die Menschenfrauen einst promiskuöse, begehrliche, bindungslose Diplomatinnen«, die sich mit so vielen Partnern wie möglich vergnügten. Und dieses Verhalten war durchaus sinnvoll, um die Gefahr zu bannen, dass ihre Nachkommen starben oder gar umgebracht wurden. Natalie Angiers pointierte Zusammenfassung lautet: »Gehen wir also davon aus, dass die Klitoris existiert, um uns Lust zu verschaffen, und dass die Lust uns den Anreiz liefert, nach sexueller Betätigung zu streben – dass wir ohne die Aussicht auf eine hinlänglich hohe Belohnung völlig zufrieden damit wären, zu Hause zu bleiben und uns der Pflege unserer Zähne zu widmen.«

Und dann kehrt die Autorin noch einmal zu dem Problem zurück, dass die Klitoris uns gelegentlich in Stich lässt: »Warum müssen wir uns für unser großes Finale so viel mehr in die Riemen legen als die Männer? Die Klitoris ist launisch: Sie kann so genial sein und sich gleichzeitig so dämlich anstellen. Oder ist sie vielleicht eine Kassandra, die uns Wahrheiten offenbart, die wir zu unserem eigenen Schaden ignorieren?« Die Richtung ist damit angedeutet, und wir Leserinnen sind eingeladen, genießerisch Angiers Schlussfolgerung zu lauschen:

»Wie ich die Sache sehe, lassen sich alle Probleme, mit denen wir uns bislang befasst haben – die scheinbare Flatterhaftigkeit und Sturheit der Klitoris, ihr mangelhaftes Angepasstsein an die männliche Reaktionskurve und ihr von Frau zu Frau erheblich variierendes Leistungsniveau –, durch die Aufstellung einer simplen Hypothese lösen: dass die Klitoris den Zweck hat, ihre Trägerin dazu zu ermutigen, ihr Sexualleben selbst in die Hand zu nehmen. Zugegeben, die Idee klingt wie eine These aus einem feministischen Manifest, und Körpergewebe gehört keiner politischen Gruppierung an. Wohl kann es aber seine Stimme durch sein Verhalten abgeben: Bestleistungen erbringen, wenn du es richtig behandelst, und streiken, wenn es sich missbraucht oder missverstanden fühlt. Und tatsächlich gibt die Klitoris dann ihr Bestes, wenn die Frau sich lebendig und stark fühlt, wenn über ihr – wenn schon nicht buchstäblich, so doch zumindest bildlich – nur noch der Himmel ist. Die Klitoris verabscheut es, verschreckt und herumgestoßen zu werden.«

Es geht für Frauen also darum, selbst die Verantwortung für ihre eigene Befriedigung zu übernehmen: »Die Klitoris lässt sich nicht hetzen oder herumkommandieren. Eine Frau, die sich sorgt, weil es bei ihr länger dauert, als ihr Partner es möglicherweise verkraften kann, wird umso länger brauchen. Eine Frau hingegen, die aufhört, im Kopf auf den Fahrplan zu starren, sendet eine unterschwellige Botschaft an ihre Klitoris – ›Ich bin bereit!‹ –, und binnen weniger Sekunden kommt ihr Zug hereingerauscht.« Und der erste muss nicht der letzte bleiben: »Im multiplen Orgasmus sehen wir den schönsten Beweis dafür, dass Unsere Liebe Frau vom Venusberg wirklich denen hilft, die sich selbst zu helfen wissen.«

Damit eine Frau Lust empfinden kann, muss die Klitoris übrigens durchaus in Verbindung mit dem Gehirn stehen. Allerdings nicht mit demjenigen Teil des Hirnes, der für den Intellekt zuständig ist – dem Neokortex –, sondern mit dem archaischeren Zwischenhirn, worin der Hypothalamus das Verlangen steuert. Um den Neokortex zugunsten des Hypothalamus zu umschiffen, sind übrigens alle Tricks erlaubt …

Das wegweisende Fazit kann also lauten: »Die Klitoris ist unsere weise Ratgeberin.« Die Reaktion ihrer körpereigenen Alarmanlage macht Frauen darauf aufmerksam, was um sie herum vor sich geht und ob sie das erotisch anspricht oder nicht: »Wenn du verängstigt bist, stellt sie sich tot. Wenn du desinteressiert oder angewidert bist, bleibt sie stumm. Wenn du erregt und stark bist, wird sie zu einem strammen kleinen Dirigentenstab, der selbstsicher Takt und Tempo angibt.«

Dann dürfte recht bald Schluss sein mit Verhältnissen, wie Brigitte Schulz sie treffsicher beschreibt. »Tatsache ist: Frauen täuschen genauso häufig einen Orgasmus vor wie Männer das Vorspiel.«

Die Touren von Thomas begannen erst um 17.00 Uhr, wenn die Pubs wieder Alkohol verkaufen dürfen. Und seine Touren dauerten lang. Dafür nur von Mittwoch bis Samstag.

Von Sonntag bis Dienstag zeigte ich ihm unsere Gegend und wir erzählten uns von unseren Führungen. Bei Thomas waren überwiegend Männer, und die wenigen Frauen, die in so gehobenen Positionen waren, dass ihre Firmen einen Bildungs-Kurzurlaub in London spendierten, gingen spätestens um elf, wenn die Pubs schließen, ins Hotelbett. Aber viele Männer wollten noch in einen Club, um weiterzusaufen. Und mit Club meinten sie meist Puff. Damit war auch klar, warum die viel besser bezahlten Pubtouren ein tpyischer Männerjob waren, bei einer Frau würden die Männer sich nicht trauen, nach den sogenannten einschlägigen Adressen zu fragen. Thomas führte sie zum Beispiel in die Wardour Street, da gibts an den Häusern Klingelschilder, auf denen nur Vornamen stehen: Pamela 1x, Yvonne 2x, Saskia 3x – die Zahl bedeutet, wie oft man für welche klingeln muss. Manchmal steht neben dem Namen als Berufsbezeichnung »Model« – darunter hatte ich mir immer was anderes vorgestellt.

Thomas wurde auch auf Firmenkosten eingeladen zu den Nutten. »Aber ich warte nur in der nächsten Bar, bis die Herrschaften ihr Geschäftchen erledigt haben. Ich mach mir nicht viel aus Sex.«

»Warum nicht?«

»Weil es bisher nie so war, dass ich was vermisst hätte, wenn ich es nicht habe.«

So kamen wir auf unser Thema.

Es war ein Montagabend, wir saßen in einem Pub in unserer Nähe, im »Arms and Men« –, bedeutet nicht »Arme und Männer«, sondern »Waffen und Männer«, und im Schild überm Pub war ein Krieger bewaffnet mit Bierglas. Und dann spürte ich Thomas' Bein an meinem Bein. Es war so ein verbindendes Gefühl, stundenlang saßen wir da und quatschten Bein an Bein.

Als das Pub schloss, hatte wir keine andere Wahl: Wir landeten im Zimmer von Thomas. Wir kamen auf unser Thema zurück.

Thomas gab zu, dass er nicht viel Erfahrung hatte mit Frauen. Obwohl er so alt war wie ich. Er hatte zwei ältere Schwestern, die vier Jahre ältere war Anwältin, arbeitete in der großen Kanzlei seines Vaters, ebenfalls Anwalt, und seine zwei Jahre jüngere Schwester war Mutter wie seine Mutter. Seine Schwestern hatten immer eine innige Beziehung zueinander und ihn immer von ihren Geheimnissen ausgeschlossen. Sie erzählten ihm, Tampons seien weiche Lockenwickler, die Frauen nachts tragen. Und als er mal sehen wollte, wo die Haare sind, die böse Frauen auf den Zähnen haben, erklärten sie ihm, Frauen hätten Zähne zwischen den Beinen, damit könnten sie dummen Buben das Würstlein abbeißen. Als er alt genug war zu kapieren, dass sie sich über ihn lustig machten, hatte er beschlossen, sich für Weiberkram niemals zu interessieren.

Thomas hatte bisher nur eine langjährige Freundin gehabt, sexuell total passiv. Er hatte nie Lust gehabt, diese Scheintote zu vögeln. Seine Ex hatte ihm vorgeworfen, sie sei so passiv, weil sie nie feucht wird, und das sei seine Schuld.

Ich staunte: »Das kann nicht sein.«

Doch: nie feucht. Obwohl er überall gerieben hätte.

»Überall gerieben? Auch zwischen den Zehen?«

Er merkte, dass ich lachte. »Du bist wie meine Schwestern.« Er zog mich an einer Haarsträhne: »Dann zeig mir mal, wie es geht.«

»Bist du verrückt? Hältst du mich für eine Nutte? Soll ich etwa Sexual Guide werden?«

Er überlegte: »Die Antworten sind: nein, nein, ja.«

Es war Frühlingsanfang. Alles keimte und sprießte, überall das Versprechen, dass aus was Kleinem was Großes würde – der Vergleich nützte nichts: Wie fängt man mit Sex an, wenn man gleich richtig anfängt?

Im Dunkeln traut man sich mehr, weil einen keiner sieht. Folglich: Licht aus, Klamotten aus. Dann lagen wir unter der Decke. Seine Haut war glatt und sehr kühl, dann glatt und immer wärmer. Wo war sein Schwanz? Zwischen den Beinen eingeklemmt? Oder hatte er keinen? Er strich über meinen Bauch, was toll war, drückte auf meinen Bauchnabel, als wärs ein Klingelknopf: »Hallo, wie entsteht Feuchtigkeit?«

»Die erste Frage ist: Wo? Die Antwort: weiter unten.«

Er rubbelte da unten rum.

»Nicht so heftig. Du sollst nicht meine Schamhaare polieren. Und zuerst die Schamlippen öffnen.«

»Wo sind die?«

»Stell dich nicht absichtlich blöd. Die Schamlippen sind unter den Schamhaaren.«

»Entschuldigung, bei mir nicht. Ich muss das von der Pike auf lernen.«

»Das kann ja heiter werden.«

»Hoffentlich. Nur wie?«

»Ich nahm seine Hand. »Hier in der Mitte ist ein Spalt, wie bei einer Muschel, deshalb sagt man Muschi dazu.«

»Ich dachte, Muschi kommt von Katze. Aber du hast Recht, die Muschel ist ein Symbol für Weiblichkeit, zum Beispiel bei Botticelli, wo die Venus aus der Muschel geboren wird. Allerdings ist die Muschel auch das Symbol der Pilger, Kennzeichen vom heiligen Jakob.«

»Hör auf, abzulenken. Und nicht so vorsichtig drüberstreichen. Das ist kein Reißverschluss.«

Dann drückte er viel zu stark, als müsste er den Spalt vertiefen. »Aua. Du musst kein Loch in mich bohren, da ist schon eins.« Nun wurde ich selbst ganz verkrampft. »Hör auf zu stochern und wackel nicht so wild mit dem Finger rum. Zieh den Spalt etwas auseinander und fahr mit einem Finger der anderen Hand den Spalt auf und ab. Langsam.«

»Ich soll mit beiden Händen gleichzeitig was machen?« Klappte nicht. »Sorry, ich kann da unten nichts sehen.«

»Das musst du auswendig können, das geschieht immer im Dunkeln. Fast immer.«

Na also, klappte doch. »Jetzt merkst du, die Muschel ist innen feucht, wie Muscheln so sind, und wenn du mit dem Finger hin und her fährst, wird sie noch feuchter.«

»Wo ist die Harnröhre?«

Ich nahm seinen Finger. »Hier in der Mitte. Man spürt sie nicht. Aber wenn du ausgerechnet da rumdrückst, gibts das Gefühl aufs Klo zu müssen. Aber die Feuchtigkeit, um die es hier geht, kommt nicht aus der Harnröhre.« Das immerhin war ihm bekannt.

Als wäre es nicht zu meinem Vergnügen, sondern nur eine Geländeübung, sagte ich: »Jetzt ein bisschen nach hinten, jetzt steck deinen Finger ganz rein.«

Er tat es. Und rein und raus. Es glitschte.

»Jetzt zwei Finger rein. Was man vorher dreht, klemmt nachher nicht.« Es glitschte noch mehr.

»Jetzt drei Finger?«

»Ist dein Schwanz drei Finger breit?«

»Nein. Bestimmt nicht. So was gibts gar nicht.«

»Dann lass es.«

Je weniger verkrampft seine Finger wurden, desto länger hätte er so weiter machen können. Solche Übungen bleiben nicht ohne Folgen.

Ich spürte seinen Schwanz. Tausend Spermien lauerten im Startloch. Nun kam die Erkenntnis, dass wir keine Kondome hatten. Die Verhütungszäpfchen hatte ich mitsamt allen Restgefühlen für Paulus weggeworfen. »Wenn wir nicht weitermachen können, müssen wir aufhören.« Sonst wäre mir alles egal gewesen. »Jetzt weißt du, wie man anfängt. Ich zeig dir beim nächsten mal, wie es weitergeht.« Und zog mich an.

Allein in meinem Bett, umarmte ich mein Kopfkissen. Das konnte heiter werden. Thomas war netter als alle anderen je zuvor.

Wie üblich ging ich am nächsten Morgen um 8.30 Uhr in den Keller, in den schäbigen Frühstücksraum mit dem abgeschabten Imitatkaminfeuer aus orange leuchtendem Plastik. Es roch muffig nach dem penetranten englischen Bratöl.

Thomas saß schon da, sonst kam er viel später. Er war gar nicht verlegen. Er bumste seinen Teebecher gegen meinen – plötzlich hatte alles diese Bedeutung.

Er hatte sehr braune Augen und einen schönen Mund.

Er sagte: »Machst du heute Abend was mit mir?«

Ich lachte laut, als ich bei der Führung auf einem Gemälde Johannes den Täufer entdeckte, der auf eine Maria in den Wolken zeigt. Johannes starrte mich an, braunäugig wie Thomas, sein Zeigefinger merkwürdig verkrümmt, als wollte er fragen, ob es so richtig ist.

Meine Pilger guckten erstaunt, was daran komisch sein könnte. Aber in der Kunst ist es wie in der Liebe: Man kann nicht alles erklären.

Er hatte die schönsten Kondome des britischen Empire gekauft. Verpackt in einem hellblauen Lustpostbriefumschlag mit aufgedruckter Briefmarke, darauf eine Tänzerin von Toulouse-Lautrec, und mit Stempel von Paris. Auf dem Umschlag stand wie handgeschrieben »French Letters for my Love«.

»Kondome heißen hier altertümlich french letters, französische Briefe, denn früher wurden sie angeblich in diskreten Umschlägen aus Frankreich geschickt. Bei uns hießen sie auch Pariser.«

»Hast du die aus dem Antiquitätenladen?«

»Aus einer traditionsbewussten Drogerie – Hoflieferanten, by Appointment to His Royal Prince Charles.« Traditionsbewussterweise rochen sie nicht nach Vanille oder Schoko oder Emmentaler Käse oder sonst was, was suggerieren soll, man müsste sie essen, sondern nach Gummi.

Als er neben mir lag, fragte Thomas: »Wo waren wir stehen geblieben?« Es war eindeutig zweideutig.

»Wir fangen wieder von vorn an. Und das Nachttischlämpchen bleibt an.« Ich hatte mich vorbereitet.

»Herzlich willkommen zu unserer Führung. Was Sie hier von außen sehen, ist für viele ein alltäglicher Anblick und dennoch eines der letzten unerforschten Gebiete unserer Kultur. Das Areal ist im Volksmund unter vielerlei Bezeichnungen bekannt, am bekanntesten als Muschi, Möse, Fotze, auf Englisch pussy oder cunt. Im Deutschen ist die altertümliche offizielle Bezeichnung Scham – der Name ist einer der Gründe, warum dieses Gebiet unerforscht blieb, viele bringen vor Scham nicht mal das Wort über die Lippen, noch weniger die Scham an die Lippen. Offizielle medizinische Bezeichnung ist Vulva, bitte nicht verwechseln mit Volvo.

Unter den Haaren befinden sich, einer Muschel vergleichbar, zwei Hälften. Das sind die großen Schamlippen. Gebildete Menschen bevorzugen die Bezeichnung Venuslippen, bitte nicht verwechseln mit Venusfalle, das ist eine Pflanze, die Insekten frisst, aber die Venuslippen hassen Insekten. Nicht wenige Menschen verwechseln das und glauben, hinter den Venuslippen wären scharfe Zähne, die jeden Eindringling zerbeißen, das ist das Märchen von der Vagina dentata, man erzählt es kleinen Jungs, damit sie brav bleiben. Die äußeren Schamlippen stellen einen Schutz der Anlagen dar, sie entsprechen in ihrer Funktion der männlichen Vorhaut.

Wir öffnen die großen Schamlippen und befinden uns nun im Inneren der Anlage. Sie sehen die Klitoris. Das Wort kommt aus dem Griechischen und bedeutet ›Eine Frau lüstern berühren‹. Gleich vorn das Zentrum der Erregung, die kleine Zitze, der sogenannte Kitzler. Was die Eichel für den Herrn, ist der Kitzler für die Dame. Falsch ist der weit verbreitete Glaube, man müsse den Kitzler kitzeln, damit Frauen lachen – hier geht es nicht um Lachen, hier geht es um Nervenkitzel. Vermutlich ist das Kitzeln des Kitzlers eine typisch deutsche Unsitte, denn der englische Name ist nicht so irreführend, hier heißt der Kitzler ›clitoris‹ und genau so heißen auch die inneren kleinen Schamlippen links und rechts daneben.

Darf ich nun bitten, zwanzig Millimeter weiter zu gehen – Millimeter, nicht Zentimeter! –, hier befindet sich der Eingang zur Harnröhre, sie ist für sexuelle Aktivitäten nicht geeignet, deshalb ist die Öffnung so klein, dass man sie kaum sieht. Für männliche Besucher ist oft schwer vorstellbar, dass eine Harnröhre in den Körper integriert ist, statt in einem Schlauch vor dem Bauch zu baumeln. Bei Frauen wurde diese modernere, elegantere Lösung gewählt.

Bitte rücken Sie nun ein kleines Stück weiter: Was Sie bisher nicht gesehen haben, nicht sehen konnten, weil im Verborgenen gelegen – hinten zwischen den inneren Schamlippen –, ist die Vagina, auf Deutsch Scheide genannt. Scheide ist ein vieldeutiger Begriff, hier scheiden sich die Geschlechter, man denkt auch an Scheidung und Dahinscheiden, aber die Bezeichnung stammt von der Hülle, in die ein Schwert gesteckt wird. Dies ist für das angeblich schwertgleiche männliche Organ die von der Natur vorgesehene optimale Hülle. Hier kommen Spermien rein und Babies raus. Die Vagina ist der Weg zur Gebärmutter, es ist kein Weg zu sexuellen Sensationen. Denn die Vagina ist nur im Eingangsbereich für Reize empfänglich, ihr hinterer Bereich ist recht unempfindlich, damit Frauen Tampons tragen können, ohne sie zu spüren.

Besonders raffiniert ist die Bewässerung der Anlage. Gleich neben dem Eingang zur Vagina befinden sich Drüsen, die eine spermaähnliche Flüssigkeit produzieren. Was Sie besonders interessieren dürfte: Bei Männern kommt die Flüssigkeit hauptsächlich am Ende der Erregung, beim Orgasmus, aber bei Frauen gleich am Anfang der Erregung. Und eine Frau kann sogar ohne körperliche Reizung nass werden, so wie ein Mann ohne körperliche Reizung eine Erektion bekommen kann. Also, wenn eine Frau sagt ›Ich mach mich nass‹ , meint sie nicht, dass sie aufs Klo muss.

Wenn Sie nun von der Vagina geradeaus weitergehen, außen weitergehen, kommen Sie an den Hinterausgang, englisch *asshole*.

Vielen Dank für Ihre Aufmerksamkeit. Sollten Sie weitere Fragen haben, liege ich gerne zu Ihrer Verfügung.«

Es raschelte. Wahnsinnstrinkgeld! Licht aus.

Die Führung war zu Ende. Die Nacht ging weiter.

3. Feuchtgebiete

»Da stehen auch in diesem Moment Damen mit Tamponeinführhilfen in den behandschuhten Händen in wackligen Zugtoiletten. Einbeinig, mit dem einen Stiletto auf dem Klobecken und mit dem zweiten in der Urinpfütze davor. Was ist wohl gefährlicher? Der wackelige Stunt mit der Pfropfenpistole zwischen den Beinen oder sich da unten mit den nackten Händen anzufassen?« (Brigitte Schulz, Slipeinlage)

Magda ist eine selbstbewusste Frau, die mit beiden Beinen im Leben steht. Obendrein ist sie gerade frisch verliebt. Der neue Freund, so schwärmt sie ihrer Freundin Edith vor, sei humorvoll, respektvoll, rücksichtsvoll, also einfach voll super. Mit das Tollste sei aber der Sex. »Und weißt du was, ich brauche nicht mal mehr Gleitcreme!«

Die 36-Jährige hat es bislang offenbar für selbstverständlich gehalten, dass sie beim Geschlechtsverkehr nicht feucht genug gewesen ist. Ihr eigener Körper hatte ihr auf diese Weise signalisiert, dass er noch nicht wirklich dazu bereit war, in sich eindringen zu lassen. Der Mann aber war bereit. Also schien es auch für Magda an der Zeit. Als trage der Penis ein Verfallsdatum, half sie mit Schmiermitteln nach, statt ihrem Partner zu sagen oder zu zeigen, dass sie noch mehr Zeit und Aufmerksamkeit braucht ...

Der Geschlechtsakt wird anscheinend nach wie vor häufig als Vorgang empfunden, der stark an eine Art Rohrreinigung erinnert. Die Frau erscheint dabei als Röhre, der Mann als derjenige, der ihn reintut, also auch derjenige, auf den es ankommt. Was steht, geht. Das Ding muss rein? Wer das glaubt, unterliegt Missverständnissen.

Erstens: Ein stehender Penis ist kein Sekundenzeiger. Zweitens: Auch die Frau kann zeigen, wann sie kann: durch nass werden. Dafür besitzt sie sogar extra zwei Drüsen neben dem Scheideneingang, die Vaginalflüssigkeit absondern.

Die Vagina ist darüber hinaus auch an der Aufnahme des Glieds aktiv beteiligt – dann, wenn sie will, öffnet sie sich. Und zwar nur dann. Die oberen und unteren Vaginawände bleiben sonst aufeinander liegen. Aus diesem Grund ist ein höfliches Vor-Stellen des Besuchers mitunter ein wahrer Sesam-öffne-dich und allem hilflosen Stochern um Längen überlegen.

Wenn die Freude über den Besuch ganz besonders groß ist, ergießt sich auch die Frau. Der weibliche Lusterguss ist mindestens so sagenumwoben wie der G-Punkt oder die Zahl der Höhepunkte, zu denen es ein weibliches Wesen hintereinander bringen kann. Wie viele multiple Orgasmen auch immer es sein können, Untersuchungen belehren uns jedenfalls, dass Frauen in der Lage sind zu »spritzen«.

Aber selbst wenn wir von Multiorgasmen und erregungsbedingten Vaginalsäften absehen: Auch im sexuellen Ruhezustand ist das weibliche Genitale nicht ganz trocken. Schon weil dort starke Schweißdrüsen sitzen, die ebenso wie diejenigen unterm Arm dazu dienen, Hitze abzuführen. Der Genitalbereich der Frauen scheidet außerdem Talg aus, der die Haut weich und Bakterien draußen hält. »Vaginalsekret besteht aus Wasser, Albumin (dem wichtigsten Eiweiß im Körper), vereinzelten Leukozyten (weißen Blutkörperchen) und Mucinen oder Schleimstoffen, den Substanzen also, die für den schlüpfrigen Schimmer von Scheide und Gebärmutterhals verantwortlich sind. Ein solcher Ausfluss ist gewiss kein ›Dreck‹, und er ist auch kein toxisches Stoffwechsel-Abfallprodukt wie Urin oder Kot.« (Angier, 87)

Muschiland umschließt also Feuchtgebiete. Daran ist an sich nichts Fragwürdiges. Dennoch wird die Vagina nahezu weltweit für dreckig gehalten, auch von den Frauen selbst. Dabei ist sie, wie die Pittsburgher Gynäkologin Sharon Hillier betont, »der sauberste Ort im ganzen Körper« – im Vergleich etwa zur Mundhöhle. Dennoch versuchen Frauen in aller Welt so wie beispielsweise in Nairobi – wo für Vaginalsekret und Dreck ein und derselbe Begriff existiert – ihre Vagina zu trocknen, um sich nicht schlüpfrig und eklig vorzukommen. Frauen dort wie anderswo sind felsenfest davon überzeugt, dass ihr Genitale sie jederzeit durch Ausfluss blamieren kann; die natürliche Feuchtigkeit zwischen ihren Beinen versetzt sie in permanente Scham. Speziell wenn das Nass sich unversehens rot färbt, steht so manchen die Röte auch im Gesicht.

Fahrt ins Blaue

> »*Wäre Menstruationsblut nicht kulturgeschichtlich und damit auch psychologisch belastet, wäre seine Tabuisierung und farbliche Neubesetzung in der Binden- und Tamponwerbung vollkommen absurd.*« Der Tampon im Hyperspace

> »*Frau fühlt sich frei mit einem matschigen Stück Zellstoff im Schritt. Blut ist blau.*« Schablonski.de

> »*Da werden blaue Flüssigkeiten (Blau ist nach der Farbe Weiß die stärkste Farbe für Reinheit, Hygiene und Sau-*

berkeit) auf Binden gekippt, lächelnde Damen in hell erleuchteten Räumen demonstrieren uns, wie leicht es ist, trotz des schmutzigen Blutes rein und sauber zu bleiben.

Die Illustrationen sämtlicher Tamponhersteller sind in den Farben Blau, Weiß und manchmal Grün gehalten, es taucht auf keinem Beipackzettel die stärkste Farbe des Blutes auf – Rot. Was suggeriert uns das? Durch den verwendeten Tampon oder die Binde bleibt das Blut unsichtbar. Blut gehört nicht in die Öffentlichkeit. Blut lässt Spiegel anlaufen, Milch sauer werden, Männer schreiend davonrennen. Und obwohl du trotz aller Vorkehrungen, die du treffen kannst, nicht so rein und klar sein wirst wie die Dame im Werbespot, wirst du doch zumindest etwas sauberer sein, als wenn du den Hygieneartikel nicht verwendest. Schlimmer noch: Durch diverse Vergleiche wird klargestellt, dass nur der eine spezielle Tampon oder die eine spezielle Binde fähig ist, dir dieses Gefühl von Sauberkeit und Sicherheit zu geben. Das Fatale an der Sache ist, dass durch diese werbetechnisch klugen Suggestionen das Verhältnis der Frau zu ihrem Blut gestört wird. Sie betrachtet es als unsauber, als Gefahr in der Öffentlichkeit und als störend im Alltag. Um diesen Zustand zumindest etwas abzumildern, wird sie dazu angehalten, auf das beworbene Produkt zurückzugreifen.«

www.rotermond.de

»Natürlich: Bei ob & Co. findet die Menstruation, wie die Werbung eindrücklich zeigt, immer nur in der Handfläche statt. Zudem blutet es dort frisch und blau, und die Frauen sehen aus wie das blühende Leben.«

Sonntagszeitung online

Frauen sind nicht ganz dicht, wenn wir der Hygieneindustrie glauben wollen. Deren Werbeanzeigen untermauern die Angst, sie seien erst gepampert sicher im Auftritt, frei und unbeschwert, also fit im Schritt. Ein Arsenal von Hygieneartikeln bietet »Schutz gegen auslaufende Körperflüssigkeit« und dient der »Geruchskontrolle«. Die Slipeinlage von »Always kann Ihnen helfen, sich in Ihrem Körper wohl und weiblich und frisch« zu fühlen. Ohne fühlen wir uns also unwohl und unweiblich und ... fisch? Wie peinlich!

Viel geändert hat sich an diesem Bild seit nahezu dreißig Jahren nicht. Schon 1983 versicherten vier blau gekleidete Damen in einer blauen Anzeige für blaue Tamponschachteln so lächelnd wie ungelenk: »Wir sind uns einig: Die Anwendungshülse von Tampax ist viel hygienischer als ein Finger.«

Es wäre zu einfach, das gestörte Körperempfinden, das Frauen heute vielfältig mit sich herumtragen, ursächlich der Werbung in die Schuhe zu schieben. Selbst die cleverste Werbeagentur erfindet keine völlig neuen Bilder, sondern greift nur geschickt auf, was als Bedürfnis und Befürchtung kulturell schon angelegt worden ist. »Wir wurden und werden den ureignen Körperrhythmen entfremdet und angezüchtete Schamgefühle vor eigenen Gerüchen und Geräuschen führen oft zu übertriebenem Reinlichkeitsverhalten«, zieht Brigitte Schulz in ihrem Buch »Slipeinlage« trocken Bilanz.

Wie wir unseren Körper empfinden, ist zudem das Ergebnis eines lebenslangen persönlichen Prozesses, in dem wir Erfahrungen und Wahrnehmungen anderer beobachtet und ins eigene Körpererleben eingebaut haben – allen voran die unserer Mütter und nahestehenden weiblichen Bezugspersonen.

Die Generation der blauen Tampax-Werbedamen hat inzwischen selbst längst erwachsene Töchter. Sie alle wuchsen auf mit dem Körperbild von der ewig auslaufenden Frau, die sich vor Beschmutzungsangst nicht einmal ihren Finger in die Vagina zu stecken traut. Alle diese Töchter kennen bestens, was Charlotte Roche in ihrem Roman »Feuchtgebiete« beschreibt: »Aus Muschiwaschen wird bei uns zu Hause eine riesenernste Wissenschaft gemacht. Es ist angeblich sehr schwierig, eine Muschi wirklich sauber zu halten.« Sie, liebe Leserin, viele andere und auch ich wissen, wovon Charlotte Roches Heldin Helen hier spricht, denn wir hatten Mütter, die ebenso dachten: »Sauber muss das Mädel werden, so viel ist klar. Zu viel waschen schadet andererseits der wichtigen ›Muschiflora‹.«

Mütter bringen ihren Kindern nicht einfach nur bei, sich die Genitalien zu waschen, sondern sie bringen den Töchtern zudem etwas anderes bei als den Söhnen, wie auch Roches Romanfigur Helen weiß: »Meine Mutter hat auf meine Muschihygiene immer großen Wert gelegt, auf die Penishygiene meines Bruders aber gar nicht. Der darf sogar pinkeln ohne abwischen und den Rest in die Unterhose laufen lassen.«

Das hängt mit einer anderen »Muschiregel« von Helens Mutter zusammen, die da lautet, »dass Muschis viel leichter krank werden als Penisse. Also viel anfälliger sind für Pilze und Schimmel und so. Weswegen sich Mädchen auf fremden oder öffentlichen Toiletten niemals setzen sollten.«

Die meisten von uns haben aus solchen mütterlichen Vorgaben eigene praktische Konsequenzen gezogen, die irgendwo zwischen Waschzwang und Hygieneverweigerung liegen. Wohl nur wenige gingen aber selbst in Hochphasen pubertären Widerstands so weit wie Roches Heldin, die sich in einem »Muschihygieneselbstexperiment« trotzig »immer und überall bräsig voll auf die dreckige Klobrille« setzt: »Ich wische sie auch vor dem Hinsetzen mit meiner Muschi in einer kunstvoll geschwungenen Hüftbewegung einmal komplett im Kreis sauber.« Einstweilen ohne unangenehme Begleiterscheinungen: nicht »muschikrank«.

Auch wenn wir vieles von dem, was Helen einfällt, gar nicht wissen wollten – der Tabubruch im Muschiland ist und bleibt das Verdienst der Autorin Charlotte Roche, die ihre verschämte Leserschaft in bis dato ungenannte »Feuchtgebiete« einführt, inklusive jener Regionen, wo in Helens intimer Geografie der Blumenkohl wächst. Wieso die schon zwanghaft freimütige Autorin sich während der Erfolgszeiten ihres Bestsellers öffentlich dabei gern in bubikragenhafter Kleinmädchenart darstellte, fragte ich mich mit einem gewissen Gefühl der Beklemmung. Wollte sie auf diese Weise ein Fetzchen unschuldiger Weiblichkeit als Trostpflaster über die Untiefen ihrer »Feuchtgebiete« kleben? Wie auch immer.

Von unseren Müttern lernen wir nicht nur Fertigkeiten wie Sprechen und Laufen, sondern wir übernehmen von ihnen auch unseren Umgang mit dem Körper und dessen Wahrnehmung. Die bis heute gängige Botschaft an Mädchen lautet, dass sie einen Körper haben, der anfällig für Schmutz und Krankheit ist – besonders »untenrum«. Frauenkörper sind nie sauber genug, normales Waschen reicht da nicht aus. Ständig müssen sie misstrauisch nachkontrolliert und vorsorglich *alldays* gewindelt werden. Laufen Gefahr zu stinken, zu verdrecken, zu vermodern, Blutspuren zu hinterlassen. Frauenkörpern ist nicht zu trauen, immer wieder bricht aus ihnen offenbar die schmutzige Wahrheit hervor.

Zum Glück reicht uns die Hygieneindustrie tägliche Slipeinlagen. Damit können wir uns endlich sicher fühlen. Was täten wir ohne? Wir trügen wahrscheinlich weiterhin unsichtbare Schilder um den Hals: *Achtung, Ausfluss! Vorsicht, Fischkutter! Obacht, Ölspur!*

Wir lernen von klein auf, unserem weiblichen Körper zu misstrauen. Die Reinheit unseres Geschlechts erscheint uns ebenso instabil und unzuverlässig wie dessen Gesundheit: »Krankheit Frau« (Esther Fischer-Homberger). Diese Verunsicherung lernen wir von unseren Müttern, selbst dann, wenn sie uns dergleichen nie direkt sagen, sondern sich ihrer fatalen Botschaften gar nicht bewusst sind. Sie strahlen sie auf uns ab, indem wir sie täglich in ihrem eigenen misstrauischen Umgang mit ihren Körperzuständen begleiten.

Es ist für uns persönlich schwer vorstellbar, aber wahr: Was wir individuell als unsere Körperlichkeit und als unsere wahre Natur erleben, ist ein von Generation zu Generation weitergereichtes, durch und durch kulturelles Konstrukt.

»Naturrein« gibt es nicht. Seit Menschengedenken besteht ein Wechselspiel zwischen Natur und Kultur – mit der Folge, dass sich beides fortlaufend neu vermischt. Inzwischen sind Wiesen und Wälder künstlich angelegte Landschaften, Lebensmittel genetisch verändert, in unseren Gewässern, in unseren Körpern haben sich Massen von Plastik abgelagert.

Auch wenn uns ein menschlicher Körper begegnet, nehmen wir ein Stück Natur wahr, das zugleich Kultur ist: Gesundheitszustand, Körperbau, Gestik, Sprache, Figur ... bis ins Hirn und die Gene hinein schreiben sich kulturelle Praktiken ein, hinterlassen Spuren in unserer ›Hardware‹, die wiederum auf das Verhalten zurückwirken. Die Verschmelzung von Biologischem und Sozialem führt all jene an der Nase herum, die das eine ursächlich auf das andere zurückführen wollen: Wir haben »Heuschnupfen« als Reaktion auf die Nahrungsmittel- und Umweltvergiftung, mit der wir leben. Auch die Hygiene hat sich uns eingeprägt: als Putzmittelallergie. Im Mittelalter dagegen fanden Heilige wie Hieronymus Körperhygiene nach der Waschung im Taufbecken entbehrlich, sahen darin sogar eine Versuchung des Teufels. Es kam bloß darauf an, dass die Seele reingewaschen war.

Frauenkörper sind auf besondere, unleugbare Weise mit Natur verbunden, denn Frauen können neues Leben auf die Welt bringen. Und sie bluten – ihre Menstruation ist eine regelmäßige Erinnerungspost der Biologie. Doch wie mit dieser Natürlichkeit von Blut und Fruchtbarkeit umgegangen wird, ist von Kultur zu Kultur höchst verschieden. In der einen werden die Lebensspenderinnen als Göttinnen verehrt, in der anderen wird ihr Blut förmlich in den Schmutz gezogen. In der unseren wird die höchst natürliche Existenz von Menstruationsblut, wo sie nicht zu verleugnen ist, gern durch blau gefärbte Ersatzflüssigkeiten angedeutet. Zwar glaubt man in unseren Breitengraden nicht mehr daran, dass schon die Berührung einer menstruierenden Frau Unheil bringt, aber viele Frauen sehen ihrer Menstruation dennoch stets bang entgegen. Nicht wegen einer möglichen Schwangerschaft, sondern als handele es sich bei ihrer Menstruation um eine Krankheit, die mit Kopfschmerzen, Rückenweh, Bauchkrämpfen und Gereiztheit einher geht und im sozialen Umfeld möglichst vertuscht werden muss. Wir glauben zwar nicht mehr, dass die Milch sauer wird, wenn wir menstruieren, aber wir sind überzeugt, dass wir dann selbst sauer werden – und andere mit uns. Auch unser kultureller Umgang mit Menstruation und Blut trägt deutliche Spuren von Tabuisierung, wie Brigitte Schulz' Schilderung des alltäglichen Umgangs mit den *Red Days* anschaulich zeigt:

»›Was bist du denn so zickig? Hast du deine Tage?‹ In der Regel wird Ihre Periode von Ihrer Umwelt abgewertet. Gewöhnlich nimmt niemand Rücksicht auf Sie, wenn Sie bluten. Da werden, wieder auf runde dreißig fruchtbare Jahre umgerechnet, 360 Wochen Ihres Lebens mit Missachtung belegt. Um die 2.500 Tage genervt die Toilette runtergespült oder in den Mülleimer geworfen. 6,5 Jahre Ihres Lebens gelten als hinderlich, unerfreulich und igitt!

Doch trauen Sie sich auch Rücksichtnahme zu fordern? Rücksichtnahme auf Sie an Ihren Tagen? Den Tagen, an denen Sie der Menschenweltgebärmaschinerie einen Ölwechsel machen? Zwölfmal im Jahr, bis zu einer Woche und ungefähr dreißig Jahre lang? Wann sagen Sie laut zu Ihren Mitmenschen ›Ich habe jetzt keine Zeit, ich menstruiere‹? Wäre es nicht weit natürlicher, diese vielen Tage bewusster und liebevoller zu erleben? Wäre das nicht gesünder und entspannender? Wo wir gerade dabei sind, wie wäre es mit zwei festvertraglich arbeitsfreien Tagen pro Menstruation?« (Schulz, 51f.)

Die ›Natur der Frau‹ war immer schon heiß umstrittenes Gelände und ein viel bespielter Golfplatz für schmutzige wie für erhebende Gedanken. Zieht das Weibliche den Mann letztlich hinab oder hinan? Und erst ihr Schoß – ist er nun das Tor zum Leben oder der Eingang zur Hölle, die »Pforte des Teufels« (Tetullian)?

Muslime sind sich sicher, dass vom Weiblichen die Verführung schlechthin ausgeht, da Frauen ein viel stärkeres sexuelles Verlagen haben als Männer – Ali, dem Schwiegersohn Mohammeds zufolge, gingen neun Teile der Begierde an die Frau und nur eines an den Mann. Aber gerade die Christen sahen im weiblichen Körper einen Hort der Verdorbenheit und Eva verdiente ewige Verdammnis, weil sie den armen, unschuldigen Adam verführt hatte.

In Deutschland schrieb man sich später zeitweise besonders eifrig eine spezielle Form von Hygiene auf die Fahnen. Die Frau hatte hierzulande nach allen Regeln rassenhygienisch zu sein und sich in arischer Reinheit dem Mutterkreuz entgegenzudienen ...

Was für ein Unsinn auch immer als die ›wahre Natur‹ der Frauen angesehen worden sein mag oder gar noch heute dafür gehalten wird, ist allerdings eine Frage, die stetig an Gewicht verliert. Erstens, weil es Natur an sich nie gab, sondern die Menschheit sie schon immer beeinflusst, ihr den Stempel wechselnder Kulturen aufgedrückt hat. Zweitens, weil heutzutage unter aller Augen auch das biologisch Vorhandene jede Starrheit verliert: Selbst die menschliche Natur ist nicht mehr vorgegeben und so hinzunehmen, sondern wird aktiv gemacht. Man kann sie inzwischen weitgehend nachbauen, nachbessern, optimieren. Kaum eine biologische Vorgabe bietet noch ein echtes technisches Hindernis ... Die Transhumanisten träumen bereits verzückt von implantierten Gehirnkrücken. Gegen Vergesslichkeit mag kein Kraut gewachsen sein, aber ein Chip ist künftig gewiss schnell eingesetzt.

Diese Entwicklung bietet völlig neue Möglichkeiten, verunsichert aber vor allem uns chronisch körperverunsicherte Frauen mit neuen Fragestellungen: Was will ich an mir beibehalten, was will ich loswerden? Jeder Zentimeter Frauenleib kann heute einer Nachbesserungsprüfung unterzogen werden: Haut und Knochen, Fett und Falten, Lippen und Schamlippen, Hautfarbe, Körpergröße, Geschlecht. Was kann und muss ich an mir als Nächstes ändern? Wie viel Natur bin ich *noch*? Rieche ich nach *Fisch*, auch wenn die Meere demnächst wegen Überfischung geschlossen werden ...?!

Wenigstens die Sache mit dem Fischgeruch lässt sich an dieser Stelle ein für allemal klären: Frauen riechen nach Fisch, wenn sie einen solchen angefasst haben. Manchmal riechen sie auch nach dem Geschlechtsverkehr mit einem Mann ein bisschen »fischig« – das liegt daran, dass die Kombination aus männlichen und weiblichen Säften eine solche Duftnote ergeben kann. Liegen Vaginalentzündungen vor, entwickelt sich ein säuerlicher Geruch, der im Zuge der medizinischen Behandlung jedoch wieder verschwindet. Eine gesunde Frau riecht also einfach nur: nach Frau. Damit ist sie allerdings nicht geruchsneutral, sondern besitzt ihren individuellen weiblichen Körpergeruch (wenn sie sich nicht gerade mit Erdbeer-Maracuja-Patschuli-Duschgel eingeschäumt hat oder von Kopf bis Fuß einparfümiert ist). Und das Schönste ist, sie sollte nicht einmal geruchsneutral riechen, denn der Duft ihres Intimbereichs ist ein entscheidender erotischer Lockstoff ...

Brigitte Schulz

Slipeinlage

Den Kaugummi können Sie im Notfall vor dem ersten Kuss verschlucken. Doch wie, bitte schön, entsorgen Sie nach dem dritten Knutscher *diskret* Ihre Slipeinlage? Verschlucken Sie die auch? Oder riskieren Sie, dass der gebrauchte Schlüpferschützer plötzlich an seinen Fingern klebt, wie ein ekliger Fliegenfängerstrip?

Leider haben viele Männer bereits beim Anblick einer Slipeinlagenschachtel die Nase gestrichen voll. Wenn Sie auf Ihren Lockgeruch setzen, tragen Sie lieber eine Woche lang eines seiner umweltgerechten Stofftaschentücher im Schritt. Platzieren Sie es am achten Tag in seinem Jackett. Beim nächsten Schnäuzen ist der Typ fällig. Er wird Ihrem Damenduft erliegen, ohne zu wissen, wie ihm geschieht …

Ja, aufgeklärte Männer wissen, dass es Slipeinlagen gibt. Doch in der Regel will keiner eine anfassen. Schon gar keine gebrauchte. Wohin also damit? Zum Beispiel bei ihm zu Hause? Um die Sache dem männlichen Auge erträglicher zu machen, sollte der Wegwerf-Wäscheschutz mindestens mit Swarowskisteinen besetzt sein. Oder mit dem Porträt des Liebsten bedruckt; die heutigen Slipeinlagen sind derart flach, die passen auch durch Ihren Farbdrucker. Üben Sie das laszive Aus-dem-Slip-Reißen und spielerische In-die-Luft-Werfen im Rahmen eines heißen Strips zuerst alleine daheim vor dem Spiegel. Treten Sie auch nie auf die Stripeinlage. Im Gegensatz zu halben Marmeladenbrötchen fallen diese Hafties nämlich mit der klebrigen Seite nach oben.

Sie finden Slipeinlagen strippen abstoßend? Haben Sie eine tollere Idee? Sagen Sie bitte nicht, Sie hätten schon einmal eine benutzte Einlage ins Badezimmermülleimerchen eines Ihnen nahezu fremden Mannes geworfen! Mir wäre das ja noch nach einem 69er-Oralsex zu intim. Kein *First-Night-Stand* sollte morgens beim Öffnen seines Badezimmereimerchens als erstes Ihre Slipeinlage angucken müssen. Der Länge nach und mit dem Gilb nach oben. Ich rate Ihnen: Falten Sie den Schlüpferschlürfer für diese Art der Entsorgung kleinlich zusammen und stopfen Sie das Weichteil, mit Klopapier umwickelt, in einer leeren Klorolle *unter* seine Zahnseidenfäden, die benutzten Q-Tips, die von der letzten Nassrasur blutigen Klopapierschnipsel, die geknüllten Tempotücher, ausgedrückten Kopfschmerztablettenpackungen, zugeknoteten Kondome, abgeschnittenen Zehennägel und kaputten Socken. Ja, und seien Sie dankbar, wenn er überhaupt einen Deckel auf seinem Mülleimerchen hat.

Nie hätte ich mich getraut, meine Slipeinlage in *seine Kloschüssel* zu werfen. Vor meinem inneren Auge entstand schon bei dem bloßen Gedanken eine Überschwemmung. Bevor ich meinen Arm bis zur Achsel in seine Toilette hätte stecken müssen, stopfte ich die fragliche Angelegenheit lieber in meine Jeanstasche. Ich bin froh, dass Wegwerfslipeinlagen weniger flusen als Wegwerftaschentücher.

Slipeinlage außer Haus

Sie haben die dezente Slipeinlagenentsorgung im häuslichen Bad also im Griff. Doch was machen Sie im Auto? Holen Sie sich da mal als Nichtschlangenmenschfrau klammheimlich den Schlüpferschutz aus dem Schritt. Wo er seine Hände schon fast überall hat und die Jeans so was von eng ist. Sagen Sie etwa lässig, nachts im Waldweg parkend: »Warte bitte, ich geh mich kurz frisch machen«? Steigen Sie aus und entmüllen hinter dem nächsten Baum Ihren Schlüpfer? Tatsächlich? Werfen Sie das Teil aber bitte nicht in den Busch. Nicht nur wegen der Umweltverschmutzung, sondern auch aus Rücksicht auf die heimische Tierwelt. Einige dieser Wegwerfeinlagen enthalten dünne Plastikstreifen. Kunststoffe, die beim Verbrennen penetrant stinken und qualmen. Kunststoffe, die biologisch nicht abbaubar sind, schon gar nicht von einem säugetierischen Organismus. Sie wollen doch nicht wirklich schuld sein an Klopfers Magenkrämpfen oder an Bambis Tod, oder?

Sie zögern also auszusteigen. Der Mann im Auto soll nicht denken, dass Sie hinter der Krüppelkiefer Pipi machen, nur ein Schmuddelsoftie zur Hand haben, sich die Finger nicht waschen können, aber demnächst über sein Gesicht rutschen wollen. Würden Sie die Fingerspitzen küssen wollen, mit denen er gerade noch die letzten Tropfen abgeschüttelt hat? Und würden Sie ...? Nein, das würden Sie nicht. Wie dem auch sei. Er wird nicht annehmen, dass Sie sich hinter dem Baum die Nase pudern. Zumal im Dunkeln.

Natürlich können Sie mit Ihrer Slipeinlage auch im Wagen hocken bleiben und den Mann, mitten in der Botanik, zum Zigarettenholen schicken. Ist er draußen, verstauen Sie Ihre Flachmatte in Ruhe unterm Sitz oder in Ihrer Handtasche im Brillenetui.

Oder Sie sagen Ihrem Flirt, dass heute sein Männerweltverwöhntag wäre. Blowjobben Sie und schwuppdiwupp, ist Ihre Slipeinlage Nebensache. Bringen Sie den Burschen derart um den Verstand, dass er hinterher nicht mehr sicher ist, ob Sie überhaupt je eine Art Hose getragen haben. Oder Sie hauen ihm auf die Pfoten und erwähnen beiläufig, dass Sie als Jungfrau heiraten wollen und Ihr Halbbruder Türke ist. Der Mann wird seine Hände flugs wieder ans Lenkrad legen! Oder strippen Sie vor der Motorhaube, bevor er auch nur den Rand Ihres Höschens berührt hat. Sofern Sie sich grelles Scheinwerferlicht noch leisten können und nicht Winter herrscht. Vor der Heimfahrt klauben Sie Ihr Dessous samt Einklebe wieder von der Fichte und schütteln die Insekten heraus.

Alles nichts für Sie? Sind Sie Lehrerin oder Erzieherin? Nun, als geschulte Lehrkörperin verfahren Sie eben pädagogisch wertvoll: »Du, bitte warte eine Sekunde. Ich will vorher noch meine Slipeinlage entnehmen. Es stört dich doch nicht, dass ich deinen Autoaschenbecher benutze? Magst du mit mir darüber reden?«

Genau! Warum erzählen Sie dem guten Mann nicht *einfach*, wie es ist? In zwei, drei kurzen, verständlichen Sätzen. Stöhnen können Sie später wieder. Er interessiert sich für zumindest zwei Ihrer Körperöffnungen, da brauchen Sie sich doch Ihrer Wegwerfslipeinlage wegen nicht zu genieren. Ich bitte Sie! Kein unnötiges Getue. Erklären Sie Ihrem potenziellen Lover alles: Sie schonen Ihr sündhaft teures 30°-Feinwäsche-Spitzenhöschen aus Kostengründen. Sie wollen es auch morgen wieder anziehen, ohne es vorher von Hand waschen und trockenfönen zu müssen. Sie stellen nicht wegen eines einsamen Dessous die Waschmaschine an. Sie sparen Energie *und* Waschmittel und können für das eingesparte Geld viele Slipeinlagen kaufen.

Sagen Sie ihm, dass Sie praktisch immer Slipeinlagen tragen, da diverse Alltagsflecken insbesondere aus weißen Höschen nicht rauszukriegen sind. Sagen Sie, dass ein vaginal gebatikter Schlüpferschritt auch bei 60° sein Fleckenmuster behält. Sagen Sie ihm, dass Sie Ihren Lieblingsspitzenbüstenhalter zwei, drei Tage hintereinander anziehen können, falls das Achseldeo nicht versagt, aber ohne Hygieneeinlagen niemals einen Slip. Auch nicht auf links. (Nichtsdestotrotzdem gibt es Wendeunterwäsche zu kaufen, und keinesfalls nur für Junggesellen. Echte Körperkunst, inklusive Blutspur, verkauft sich zurzeit jedoch bloß noch auf der Gemäldeleinwand. Insbesondere Schamlippenprintporträts erzielen als original Weibsbilder in Fachkreisen hohe Preise.)

Sollten Sie Ihre Slipeinlage nur tragen, weil Sie heute Ihre Tage bekommen, dürfen Sie ihm auch das mitteilen. Der aufgeklärte Fahrzeughalter weiß, was eine Menstruation ist, und wird augenblicklich darauf bestehen, dass Sie den Blutsauger im Höschen lassen und Ihren Popo auch. Wer will sich die Autopolster für eine Schlachthausnummer ruinieren?

Schlüpferschnupfen und Scheidenpopel

Keine(r) redet vernünftig darüber, dass das gesunde Scheidenmilieu der gebärfähigen Frau auch ganz ohne Sex selten trocken ist. Dass es als normal gelten muss, wenn der morgens superblitzsauber übergestreiften Damenunterhose bereits am Mittag eine gelatineartige, zähklebrig fadenziehende Masse anhaftet. Auch an einem langweiligen Mittwochmittag. Chronischer Schlüpferschnupfen! Das ist aber nicht wie mit der Nase des Mannes, die ja bekanntlich das Abbild seines Johannes sein soll. Eine gewagte Theorie? Fakt ist, dass die prostatagesunde Penisnase unter sechzig eher zum gelegentlichen Niesen oder Spucken neigt und nicht wie die Vagina zum Dauertropf. Das passt zum Mann im Allgemeinen. Rotzen gehört bedauerlicherweise ja auch zum maskulinen Verhaltensrepertoire. Die Kerle spucken öfter als meine Lamas.

Von unserem Mösenschmand lebt mittlerweile eine ganze Hygieneindustrie. Da ist es angebracht, sich mit diesem Thema einmal ausführlich zu befassen. Zuvörderst: Ohne Scheidenschmiere kein Sex! Zumindest keinen ohne Hilfsmittel. Auch Ihr Vaginalsekret ist es, die das Rad des Lebens am Laufen hält und zusätzlich zahllose Arbeitsplätze schafft. Was glauben Sie, was alles nötig ist, bis so ein Artikel sorgfältig ins Supermarktregal sortiert ist? Von der Baumwollpflückerin bis zum Slipeinlagenkartongestalter, vom Damenschrittgrößenvermesser bis zum Kapitän des Slipeinlagencontainerschiffes – alle existieren von unserem, um es marketinggerecht auszudrücken, Schoßblumennektar. Betrachten Sie also bitte auch noch den allerletzten krümeligen Rest, den Sie bei reinigenden Fingerspielen in der Badewanne zwischen Ihren Schamlippen finden, mit Respekt. So ein Scheidenpopel unterm Fingernagel ist kein Igittpfuibah und schon gar kein Grund zur Scham, sondern frauenmenschliches Körperschmalz, das Sie mit Stolz erfüllen sollte.

Die Einlage danach

Früher habe ich *vor* einem Rendezvous eine Einlage eingelegt, später bloß nach dem Geschlechtsverkehr. Mit siebzehn wollte ich mir nicht vorstellen, dass Märchenprinzen in Scheidenschlabber fassen mögen. Nee! Igittigitt! Vor jedem ersten, zweiten und dritten Mal waren mir meine (sch)leimigen Höschen hochnotpeinlich. Ich war geradezu slipeinlagensuchtgefährdet. Erst heute bin ich sicher, dass Märchenprinzen es gar nicht feucht genug haben können, weil in Wirklichkeit doch alle Frösche sind. Froschprinzen machen sich über die eigenen Boxershorts, Feinrippen oder Elefantenrüsselstrings übrigens kaum Gedanken. Und die wenigsten Frösche tragen Slipeinlagen.

Tragen Sie auch die Slipeinlage *danach*? Weil nach dem Sex vor dem Sex ist oder weil Sie keine Kondome mehr benutzen müssen? Weil Sie hier und da wie eine zweibeinige Tropfsteinhöhle ins Badezimmer kleckern und Angst haben, auf den nassen Bodenplatten auszugleiten? Weil all die glibberigen, schwänzchenwackelnden Spermien nicht nur wie Lemminge ihrem vermeintlichen Lebensziel folgen, sondern im Großen und Ganzen auch dem Prinzip der Schwerkraft?

Bei Schietwetter fröstelt es Sie auf Dauer im regennassen Schlüpferschritt. Im Sommer liegt die Problematik eher im Mief von zimmertemperiertem Bressokäse in Moschusochsen-Urin. Also, ob nun Rechtsanwältin, Zahnarzthelferin oder Drahtseilartistin ... nach dem Mittagspausensex sind Sie mit einer Tupperdose Slipeinlagen im Spind bestens bedient. Oder einem Fünferpack Ersatzslips. Aber auch als sexuell noch aktive ›Nur-Hausfrau‹ und Mutter wissen Sie den beiläufigen Wäscheschutzwechsel zu schätzen. Ob Beruf oder Berufung: Wussten Sie, dass Spermaflecken sogar nach der Maschinenwäsche unter ultraviolettem Licht sichtbar bleiben? Genieren Sie sich nicht noch nachträglich, Sie waren weder die erste noch die letzte, die samstagnachts in der Disco untenrum bläulich geleuchtet hat. Hihi.

Richtig angeschmiert sind Sie natürlich erst völlig unten ohne. Dabei gibt es ja inzwischen auch Tangaslipeinlagen. Damals, als wir noch herkömmlich geschnittene in unsere Schmalspurschlüpfer kleben mussten, hieß das volles Risiko, so in Rock, String und normaler Slipeinlage durch beschauliche Fußgängerzonen zu bummeln. Kennen Sie das auch noch? Eine Hälfte hing am Oberschenkel, die andere verdreht im Höschen ...

Noch eine Marktnische schließen könnte eine Slipeinlage, die von vornherein einwandfrei und direkt am Unterleib anhaftet. Zumindest am rasierten. Ein solcher Klebkörper dürfte ohne Höschen getragen werden und Sie hätten nach gummilosem Sex die Möglichkeit, berockt und mit vorne offenen Schuhen Ihres Weges zu schreiten, ohne dass Ihnen Sperma aus den *Peep Toes* quillt. Ach ja, Lesbe müsste man(n) sein ...

Einweg-weg oder Mehrweg?

Blicken Sie überhaupt durch, wie viele Arten von Wegwerfslipeinlagen es für Muschitrief, leichte Schwangerschaftsinkontinenz oder Altersblasenschwäche mittlerweile gibt? Die Standardform mit und ohne Taille. Die Tanga. Das Wäscheengelchen mit Flügeln. Die Flexiform mit Knick. Alle wahlweise mit Aloe Vera oder mit Frischeduft in der Art von Fisch mit Zitrone. Mit Saugkern. Mit Superabsorber. Mit Plastikkleckerschutz oder luftdurchlässig mit Mikrokanalisation. Schlicht oder mit Schutzkonturen in Blümchenform. In weiß und, weil weiß bei Schwarzlicht durch die Wäsche leuchtet oder auch für Beerdigungen, in schwarz. Was fehlt, ist die Gesundheitseinlage mit PH-Wert-Messfunktion und eingearbeitetem Schwangerschaftstest.

Wegwerfhöschen aus Papier mit eingearbeiteter Slipeinlage sind alltags keine echte Alternative und gehören gebraucht auch nicht in die Papiertonne. Einmalunterwäsche ist nur praktisch im Krankenhaus, zwischen Notaufnahme und Aufwachstation oder an Bäd-Män-Tagen. Bäd-Män spielt den Starken, Bösen und reißt Ihnen die Klamotten vom Leib, sofern die Wäsche kaputtzukriegen ist. Da Ihre teure Unterwäsche für Ritsch-Ratsch-Sex viel zu schade ist, empfehle ich Ihnen für den nächsten Bäd-Män-Tag raschelreizknistrige selbstgebastelte Einwegreißwäsche aus rotem Transparentpapier.

Einmalartikel mit Synthetikanteil gehören nach Gebrauch in die Restmülltonne. Bioökologisches Baumwoll-Zellstoff-Gemisch dürfte auf den Komposthaufen und die Mehrwegs können in den Wäschekorb. Sie mögen es vaginal-luxuriös? In diesem Fall wählen Sie die wieder verwendbaren Seideneinlagen für die 40–60°-Wäsche. Als kritische Hausfrau entscheiden Sie sich wahrscheinlich eher für die günstigeren Baumwoll- oder Frotteeeinlagen und die 60–95°-Wäsche. (Für Wintertage ist Flanell eine Alternative.)

Die waschbaren Mehrwegeinlagen gelten als umwelt- und hautfreundlich zugleich. Wiederverwendbare schaffen es bisweilen Jahre bis zur völligen Durchgesessenheit. Da rechnet sich auch teure Seide. Für diese Form der Haftstreifenfreiheit braucht es allerdings auch eine ebenso moralisch unbedenkliche wie eng anliegende Unterhose. Oder Sie kaufen eine Klettie. Das Ratschgeräusch beim Entfernen dieser Ökohafties dringt allerdings durch jede Toilettentür. Das Gejammer über mitgeklettete Schamhaare auch.

Wegwerfeinlagen sind praktischer und geräuschlos, legen aber bei übertriebenem Miss(ge)brauch nicht nur den überflüssigen Siff, sondern das gesamte Scheidenmilieu trocken. Parfümierte und deodorierende Einlagen lösen zudem mitunter Allergien und Juckreiz aus. Folierte treiben Ihrer Vagina nicht nur beim Joggen Schweißtropfen auf die Klitoris. Da schießen die Miefbakterien wie die Pilze aus dem Boden. Ja, und von wegen wem's juckt, der kratze sich. Kratzen Sie sich mal in der Öffentlichkeit dauernd zwischen den Beinen, als Frau!

Mehrwegslipeinlagen haben aber noch einen entscheidenden Vorteil. Nicht nur die praktische Wäscheleinenaufhängung. Nein. Es gibt die Schlucklappen auch in bunt. Wahlweise passend zum Outfit oder zum Scheidenkleister. Handgefärbt in rot, violett, gelb, blau, orange, grün und gemustert. Oder handbestickt und viel zu schade zum Benutzen. Dafür eine Zierde für jedes Badezimmer. Ich würde ja eine dergestalt wunderschöne, kostbare Mehrwegslipeinlage nur mit einer Wegwerfslipeinlage benutzen. Ähm! Tatsächlich gibt es aber eine *Two in One* unter den Slipeinlagen – als Pocketsystem, auch für die stärkeren Tage der Menstruation und die Umstellung vom Windel- aufs Schlüpferbaby. Da stecken Sie einfach eine einfache Slipeinlage in die waschbare Taschenslipeinlage! Mutti und Kind im Partnerlook. Wie süüüß!

Normale Mehrwegs erhalten Sie in mini (auch *Pantyliner* genannt), midi (Regular Pad), maxi (Extra Absorbant) oder als längeres *Night Pad* (Jumbo). Oder Sie maßschneidern selber, alleine daheim oder in geselliger Mädelsrunde im Slipeinlagenworkshop.

Vom tierischen zum aufrechten Gang

Früher, als wir noch auf allen Vieren liefen, war alles unkomplizierter. Probieren Sie es nach dem nächsten präservativlosen Sex ruhig aus: Im Vierfüßlergang halten Sie den Po höher als den Oberkörper. Im Vergleich beispielsweise zu Schimpansenweibchen haben Sie nämlich eher kurze Arme und so lässt Ihr Hinternhoch vor allem Ihrer Gebärmutter den Hals vollaufen. Ihr Flokati wird nicht eingesaut. Ihre Oberschenkel kleben nicht glitschig zusammen, weil Sie als Vierfüßlerin breitbeiniger unterwegs sind. Soll heißen, der liebe Gott hatte zu Beginn der Schöpfungsgeschichte den aufrechten Gang in keinster Weise eingeplant oder war schlicht überfordert, die gesamte weibliche Anatomie allen Eventualitäten anzupassen. Bedenken Sie vor Ihrem tierischen Probelauf aber bitte, dass Sie sich zur Lachnummer der Woche machen, falls der Typ an Ihrer Seite ausnahmsweise nicht sofort einschlafen sollte.

Beim Manne, nur eine von vielen himmelschreienden Ungerechtigkeiten, genügt ein *kurzes* Wisch-und-weg. Beziehungsweise ein *kurzes* Unter-den-Wasserhahn-halten. Der Mann braucht nach dem Sex weder die Dusche zu betreten, noch muss er sich vorm Waschbecken die Socken ausziehen. Da tropft nicht groß was nach.

Damit meine ich nun nicht, dass ich lieber einen Penis hätte. Bewahre, nein. Schon wegen der Ästhetik nicht. Dieser und anderen Fragen der männlichen wie weiblichen Hardware werden wir uns gleich noch eingehend widmen. Doch eines können wir schon mal festhalten: Wäre Gott eben nicht Herr Gott, sondern Frau Gott, gäbe es kein weiblich-unterleibliches Sabberproblem. Auch keine monatlichen Blutungen mit Bauchweh, Rückenschmerz, Migräne und Launen. Keine Frau müsste Slipeinlagen oder Tampons kaufen (oder Cremes gegen Orangenhaut). Ich denke, Samenstaub, so wie Blütenstaub, wäre auch eine Alternative gewesen. Der Pimmel als Bestäuber! Überlegen Sie: Könnte so ein Lümmel Ihnen quasi eins pusten, bräuchten Sie nach dem Sex nur Ihren Puderpinsel zum Abwedeln! Blasen dürften Sie Ihrem Liebsten allerdings keinen. Es bestünde Staublungengefahr und als Hausstauballergikerin hätten Sie auch keine Freude. Na ja, und bei Wind dürften Sie auch nicht mehr ohne Höschen aus dem Haus gehen.

Möglicherweise könnte zu Zeiten der Jungfrau Maria noch Samenstaub angesagt gewesen sein. Von wegen unbefleckter Empfängnis und so. Anno dazumal war Unterwäsche ja nicht wirklich *en vogue*. Wegen all der Aufregungen um das uneheliche Kind wurde das Ganze dann wieder geändert. Das mit Adams Rippe hat es schließlich auch bloß ein Mal gegeben. Weil der Mann durch die entnommene Rippe dauerhaft eine körperliche und geistige Schieflage zu bewältigen hatte. Doch das liegt alles lange zurück und da sich heutzutage sogar gebrauchte Damenschlüpfer über ebay verkaufen lassen, sollten auch getragene Slipeinlagen marktfähig sein.

Eine mir bekannte Landwirtin legt übrigens neuen Deckebern zu gegebener Zeit die eigenen blutigen (plastikfreien!) Slipeinlagen zum Schnuppern vor die Nase. Auf diese Art und Weise, sozusagen vom Fleck weg, würden die Borstenviecher die Bäuerin gewissermaßen als Miss Piggy akzeptieren. Wie die Schweineflüsterin das nach den Wechseljahren handhaben will, ist mir noch nicht bekannt.

Tatsache ist: Sie als moderne Evastochter von heute verbrauch(t)en Tausende bis Zehntausende Slipeinlagen in Ihrem fruchtbaren Leben. Weitere inkontinent im Alter. Die Slipeinlage findet aber nicht nur Berechtigung als täglicher Wäscheschutz, monatlicher Blutsauger und Gelegenheitssamenfänger, sondern auch als Schlafbrille, Stilleinlage, Achselhöhlen- und Hängebusenschweißblatt, Fahrradhelmschweißband, Fersenblasenpflaster, Einlegesohle und Lesezeichen …

Die Slipeinlage ist somit spätestens von der ersten Menstruation an nahezu unverzichtbare Begleiterin jeder Frau und stört tatsächlich nur beim Petting, sowie meinen Vater, wenn mein Name auf dem Deckel des gleichnamigen Buches steht.

Und, ich habe es gerade gegoogelt: Gebrauchte Slipeinlagen sind ab 5,– Euro das Stück im Internetangebot. So wird aus einem Wegwerfprodukt noch ein Mehrwegartikel und Sie bekommen für das Geld zwei Packungen fabrikneue Slipeinlagen. Mann-oh-Mann.

4. Ein Bild von einer Frau

»Es besteht zwar ein echtes und verständliches Tabu um die sexuelle Betätigung Minderjähriger, doch paradoxerweise lastet auf Mädchen ein ganz realer Druck, sich schon in frühem Alter als sexuell attraktiv darzustellen.« (Natasha Walter)

Wie bitte sieht eine Traumfigur aus? Und wie um alles in der Welt eine Traumvulva? Wie laut und spätestens wann stöhnt eine Frau orgiastisch?

Woher bloß nehmen Frauen und vor allem junge Mädchen heute die Vorlagen, nach denen sie sich in ihrem ganz persönlichen Aussehen und Verhalten orientieren? Und warum hören sie so zuverlässig auf die falschen Stimmen, die ihnen zur Selbstmanipulation raten? Warum geben sie lieber die Amateurturnerinnen im privaten Schlafzimmerporno, statt in Begleitung oder allein das zu bejubeln, was wir heute über die Klitoris wissen? Warum verfolgen sie ihre sexuellen Leistungskurven mit der Stoppuhr und nicht mit dem eigenen Lustpegel? Warum spielen sie sich und anderen heutzutage mehr denn je Orgasmen vor, statt diejenigen zu genießen, die sie haben – und wenn's auch nur alle halbe Jahre wäre?

Wenn die Urologin Helen O'Connell dieser Welt die beeindruckende Anatomie der Klitoris enthüllt hat, so verdanken wir der Wissenschaftsjournalistin Natalie Angier zusätzlich den alles entscheidenden Hinweis: Für die Klitoris braucht es keinerlei Bedienungsanleitungen und Volkshochschulkurse! Der klitorale Sinn liegt offenbar gerade darin, nicht nur die Lust anzuzeigen, sondern auch deren Fehlen. Zugespitzt könnte man sagen: Auch und gerade dann, wenn die Klitoris *nicht* befriedigend in Schwung kommt, erfüllt sie ihre Aufgabe – sie zeigt uns dadurch nämlich, dass uns am Setting irgendetwas nicht anmacht. Jahrhunderte lang wurde dieser Ball an die Frauen zurückgespielt: Sie waren dann wohl frigide, also selbst schuld.

Es bedeutet einen großen Schritt für die Menschheit, wenn Frauen heute wissen: In der Sexualität kommt es nicht auf Drehgeschwindigkeit, Punktgenauigkeit oder Zirkeltraining an, sondern ganz allein darauf, ob, ab wann und wie lange wir Lust haben. Und es ist unser gutes Recht, unserem extra für diesen Zweck eingebauten klitoralen Klingelton zu folgen. Angesichts verschlossen gebliebener Pforten stellen sich erst gar keine Schuldfragen: Es reicht, wenn's nicht geklingelt hat.

Unglücklicherweise steht diese wunderbare Erkenntnis mutterseelenallein auf weitem Feld ... Dafür prasseln von allen Seiten Vorbilder und Vorgaben auf Mädchen und Frauen nieder, die ihnen *en detail* vor Augen führen, wie sie zu sein, auszusehen und sich zu fühlen haben. Mit zuverlässiger Unerbittlichkeit spiegelt auch der Kreis kritisch beäugender Freundinnen, Kolleginnen und Fitnessklubdamen jede vorgebliche Normabweichung zurück. Welches Gewicht hat da noch die Selbstwahrnehmung?

Obendrein vermittelt das gesamte Umfeld, von den Zeitschriften übers Internet bis hin zum Aufklärungsunterricht an Schulen, Sex sei eine Frage der Technik. Junge Mädchen lernen perfekt Kondome über Gurken aufzuziehen, aber sie lernen nicht, auf ihr persönliches Lustbarometer zu achten und das, was sie da bemerken (oder eben gerade nicht verspüren), dann auch zu respektieren. Welche Fünfzehnjährige wüsste nicht die durchschnittliche Dauer bis zum Orgasmus aus dem Effeff zu benennen? Und welche empfindet solch eine lächerliche statistische Größe nicht als Zeitvorgabe für die eigenen sexuellen Leistungsdarbietungen? Wenn sie es in der

Normzeit nicht schafft, wird vorgestöhnt. Also simuliert. Heute kann jede Dreizehnjährige in Konkurrenz mit Filmstar Meg Ryan treten und im nächsten Fad-Food-Restaurant einen perfekten Orgasmus vorstöhnen. »Ich hätte gern genau das, was sie hatte«? Nein, danke – die Dame hat rein gar nichts gekriegt!

Sexualpädagogik

Nach einem Bericht der Schweizer »*Weltwoche*« sind brave Doktorspielchen eindeutig out: Im Kindergarten spielen die Kleinsten heutzutage platterdings »Bumsen«. Mädchen würden auch schon mal Sachen in die Vagina gesteckt, Jungs werde am Penis gesaugt, berichtet das aufgeschreckte Betreuungspersonal. Körpererkundung hat heute unmittelbar und unvermittelt mit dem Geschlechtsakt zu tun.

An Grundschulen ist kaum noch normaler Unterricht möglich, weil die Klasse in haltloses Kichern verfällt, wenn von Fischschwänzen oder Kleiderständern die Rede ist. »Fotze«, »Fick dich!« oder »Fick deine Mutter!« sind längst gängige Sprüche auf Pausenplätzen. Die lieben Kleinen haben zwar meist keine blasse Ahnung, wovon sie überhaupt sprechen, aber das macht es nicht besser: Die Sexualisierung hat längst auch die Welt der Kinder erreicht. Und das ist kein Wunder. Denn Kinder sind heute nahezu überall mit Sex und sexualisierten Körpern konfrontiert. »Fick mich!« schreien die Werbeplakate auf dem Schulweg, die Bilder in den Zeitungen, die Pornobilder auf den Schülerhandys.

Die Schweizer Sozialpädagogin Esther Schütz weiß, dass man heute mit den Kindern viel konkreter reden muss, weil sie schon so viel Sex gesehen haben. Die Flut der Sexbilder wie auch die Begegnungen in Chatrooms überschwemmen sie mit unverblümter Distanzlosigkeit; Vorstellungen von stufenweiser Annäherung kommen dabei gänzlich aus der Mode oder erst gar nicht mehr auf. Im Ergebnis, so stellt die Sozialpädagogin bei ihrer Arbeit fest, begegnen sich Schüler einer Oberstufe auch dann, wenn sie nicht durch eine engere Beziehung verbunden sind, ohne jede körperliche Distanz, küssen sich auf den Mund und sitzen im Unterricht aufeinander. Dass Sexualität und Nähe eingebettet sind in ein Netz von ethischen, aber auch politischen Überzeugungen und persönlichen Empfindungen, geht verloren.

So unvermittelt wie die Sexbilder sind jedoch auch die Vorstellungen, die in der Sexualpädagogik für Aufklärung stehen: Die Macht der Bilder bildet einen ideologisch-sexistischen Überhang, der auch die Sexualpädagogik überschattet und sie zwingt, sich an den Pornovorgaben abzuarbeiten. So heißt es in dem Bericht der »*Weltwoche*« (13/2008), was im Unterreicht »auch jedes Mal komme, seien Begriffe aus der Pornografie, etwa das Wort ›Gang-Bang‹, das eine besondere Faszination zu besitzen scheint. Es gehe dann darum, sagt Bernhard, den Jugendlichen zu zeigen, dass Pornografie etwas Losgelöstes sei. Das Vorher, die Annäherung, das Entstehen einer Beziehung und das Knistern seien nicht zu sehen. Auch wolle man den Jungen klarmachen, dass sie im Internet Darstellungen sähen, die sie kaum je in ihrem Leben antreffen werden. Dass gerade Gruppensex-Szenen für Männerfantasien produziert würden.«

Damit verläuft auch der Sex, wie ihn die Sexualpädagogik erläutert, im Kern in der Weise, dass die Jungs ihn reinstecken und die Mädels das passive Gegenüber sind, in das reingesteckt wird. Technische Details werden handlungspraktisch anhand von Kondomübungen und theoretisch – wie weit reicht mein Glied? – an grafischen Schnitten durch gezeichnete Frauenunterleiber geklärt. Die aktive Beteiligung der weiblichen Genitalien an Lust und Sexualität wird nachhaltig vernachlässigt, was sich daran zeigt, dass die Klitoris in Aufklärungsbüchern und -websites auch im Jahre 2012 weiterhin aufs sichtbare Knöpfchen reduziert und in ihrer umfassenden Bedeutung verschwiegen wird. Für die Mädchen bleibt bei dieser Art von schulisch veranschaulichtem und damit pädagogisch abgesegnetem Sex über die Rolle der Empfangenden (von Penissen und Kindern) hinaus ein leidiges Drumherum an Ausfluss, Blut, prämenstruellem Unwohlsein und Schmerz, der Periode und der Geburt. Dem genannten Bericht der »*Weltwoche*« zufolge konfrontierte man siebenjährige Mädchen und Jungs im Unterricht mit Tampons und Binden, um sie zu lehren, dass die Mädchen einmal im Monat bluteten: »Diese schämten sich, die Buben lachten.« Ein Mädchen verkündete prompt zu Hause, sie wolle nie schwanger werden, das tue unheimlich weh und man verblute.

Auch wenn es selbstverständlich nicht die Aufgabe der Sexualpädagogik sein kann, Mädchen im Schulunterricht an die Auslotung ihres individuellen Lustempfindens heranzuführen, käme dem schulischen Unterricht die Pflicht zu, Aufklärung nicht dieselben Pfade entlang zu treiben, die der persönlichen Empfindungsbreite durch Verkürzungen auf Technik und Pornografie ohnehin permanent aufgenötigt werden – mit fatalen Folgen vor allem für das Selbstbewusstsein und Körperempfinden von Mädchen, aber auch der Jungen.

Mädchensozialisation

Beim Blick in den Rückspiegel bemerkte der Fahrer eines pennsylvanischen Schulbusses seltsame Bewegungen: Mädchenköpfe, die auf den Hin- wie auch den Rückfahrten rhythmisch über Jungenschößen wippten. Die elf bis vierzehn

Jahre alten Girls waren offenbar gerade in sexuellen Diensten tätig. Der schockierte Fahrer brachte den Vorfall vor die Schulbehörde, mit der aus einem ähnlichen Grund auch einige Sozialarbeiter Kontakt aufnahmen: Einige Jungen hatten sich vertrauensvoll an sie gewandt, weil sie sich schämten und verwirrt waren – nachdem die Mädchen oralen Sex mit ihnen initiiert hatten.[1]

Was veranlasst Mädchen zu der Annahme, sie könnten ihre sexuelle Reife unter Beweis stellen, indem sie Mitschülern Blowjobs anbieten? Was bringt sie zu der Vermutung, Sex sei etwas, das man anderen (an)tut, und nicht vor allem etwas, das man am eigenen Körper und womöglich in einer Beziehung zum Gegenüber empfindet?

Die Geschichte spricht Bände. Sie erzählt von dem Missverständnis, dass Sexualität ›gemacht‹ und nicht zuallererst auch empfunden werden müsse. Sie erzählt von der fehlgeleiteten Vorstellung junger Mädchen darüber, wie für Frauen Sex zu machen wäre: durch »coolen«, von jeder emotionalen Beteiligung losgekoppelten Dienst am Mann, genauer noch: am Mannsteil, dem Penis. Sie erzählt von den maßlos entfremdeten Bildern, die diese Mädchen sich von Sex machen.

Die Schulbusgeschichte ist ein eindrucksvoller Beleg für geschlechtliche Verwirrungen, an deren Ende sich (zur Abwechslung einmal) die Jungen benutzt fühlten und die Mädchen möglicherweise als die großen Zampanos vorkamen. Die schlichte Verkehrung der Rollen ist aber kein Fortschritt. Sie macht höchstens deutlich, wie sehr Jungen wie Mädchen in unserer hypersexualisierten Gesellschaft von Bildern und Aktionen gelenkt werden, die dank der Medien, des Internets und der Allgegenwärtigkeit von Handys in die Lebenswelt der Jugendlichen vorgedrungen sind. Bilder anonymer Sexualpraktiken, die aus Prostitution und Pornografie stammen, wurden so zu fragwürdigen Anleitungen für die jugendliche Selbstdarstellung.

Wenn Schulmädchen im Rudel Blowjobs anbieten, ist nicht davon auszugehen, dass jede einzelne von ihnen ein Begehren danach empfunden hätte und dass dieses Begehren womöglich gar einer Beziehung zum jeweiligen Knaben entsprungen wäre. Es ging ihnen höchstwahrscheinlich weitaus weniger um den Sex als um eine Aufwertung ihres Selbstbewusstseins durch forsches Sex(vor)spielen. Mir gibt zu denken, dass offensichtlich nun auch Mädchen sich in einer sexy Coolheit üben, die bislang eher dem Machobild entsprach. (Dies scheint ein aktueller Trend zu sein. Natasha Walter, die Autorin des wichtigen Buches »Living Dolls«, berichtet von jungen Frauen, die Fickbeziehungen führen wie früher nur die Kerle sie erträumten.)

Das Vorspielen von Sexyness will geübt sein. In England gibt es schon seit einigen Jahren Sportstudios, in die Mütter ihre drei- oder vierjährigen Töchter bringen, weil die Kleinen sooo gern auch lernen wollen, was Mama schon so toll kann. Umgeben von quietschrosa Kissen und Federboas, übt der weibliche Nachwuchs ehrgeizig die Schenkel an einer senkrechten Stange zu spreizen und lässt routiniert den Hintern rotieren. Pole Dance, der »Tanz« an der Stange, hat sich aus den Rotlichtvierteln heraus zu einer neuen Fitnessbewegung aufgeschwungen und nennt sich jetzt Sport. Frauen von zwanzig bis fünfzig trainieren in gut besuchten Kursen, wie sie wie ein Pornostar ihre Männer auf Touren bringen können. Sie »lernen, einerseits Desinteresse zu demonstrieren und andererseits sexuelle Trockenübungen an einer Stange zu veranstalten«. (Orbach, 147) Pole Dance-Kurse boomen längst auch in Deutschland. Manch eine Stadt hat gar eine »Pole Dance Academy« zu bieten. Schon werden Miss Pole-Dance- und – man lese und staune – inzwischen auch Mister Pole Dance-Meisterschaften abgehalten, bei denen die Herren sexshowtechnisch auf Ausgleich zielen können.

Aber auch wenn die Sexualisierung inzwischen mehr und mehr Männern ihren Stempel aufdrückt, werden Mädchen ungleich stärker zur Verkörperung dieser sexuell aufgeladenen Kultur verpflichtet. Ihr eigentliches Drama besteht darin, dass sich dabei das historische weibliche Schönheitsdiktat mit einem postmodernen Nonplusultra an sexueller Attraktivität vereint. Die Jugendsprache, die sich in den letzten Jahrzehnten von »klasse« über »süß« zu »hammergeil« gesteigert hat und inzwischen alles »voll krass porno« findet, bildet die Anforderung begrifflich gut ab: Es geht darum, im Auge des Betrachters aufzugeilen, sich passend bewegen und posen zu können.

Junge Mädchen und Frauen unterliegen nicht erst in Casting-Shows, sondern schon bei jedem alltäglichen Schritt vor die Tür, bei jeder Mahlzeit, jedem Gang über den Schulhof einer knallharten Bewertung ihres Körpers. Die Choreografien werden ihnen medial mit massivem Druck vorgegeben, angefangen bei einem ganzen Reigen weiblicher Stars. Von Urmutter Madonna, deren Ringen um Jung-Fraulichkeit immer härtere Züge annimmt, über die unglückliche Britney Spears bis hin zu Sängerinnen wie Beyoncé, der aus Plastikbrüsten spritzenden Katie Perry oder Goldengel Christina Aguilera vermarkten Sängerinnen sich weit über ihre Stimme hinaus: ganzkörperlich. Rihanna inszeniert in ihren Latex-Bühnenoutfits unmissverständlich SM-Phantasien und Lady Gaga behängt sich – was immerhin die Realität kokett auf den Kopf stellt – auch mal mit Kuhfleisch, statt immer nur das eigene vorzuweisen. Wenn die Stars – wie etwa Mama Aguilera – kräftig an Gewicht zulegen oder sich anderweitig »gehen lassen«, wird das von Paparazzos zuverlässig abgelichtet und durch den medialen Fleischwolf gedreht. Die Botschaft lautet: Nichts bleibt unbemerkt, *Big Brother is watching you.*

Aber auch beim Mädchen von nebenan erfolgt die Bewertung ihres alltäglichen Auftritts mittlerweile auf dem Fuße: bei YouTube, Facebook oder auf Websites, die zwischen Modelsuche und Mobbing oszillieren. Es überrascht wenig, dass die Mobbingraten besonders an Schulen hochschnellen. Die Krux ist, dass junge Frauen den fremden Blick mitsamt der zu erwartenden Bewertung inzwischen gleich vorweg nehmen und ununterbrochen ›vorauseilend nachbessern‹.

Damit üben sie eine eiserne Selbstzensur, die auch dazu führt, dass sie sich in ihrer beständigen Anpassungsleistung an den fremden Blick als eigenaktiv erleben und ihre Anstrengungen mit Selbstbestimmung und Freiheit verwechseln. »Sie brauchen es, gesehen zu werden«, und sie orientieren sich an dem »Imperativ: attraktiv zu sein. Sie rekrutieren ihre Freundinnen, denen es ähnlich geht, als Hilfe dabei, sich einen Look zuzulegen, der ›sexy‹ ist.« (Orbach, 144)

Die ganz und gar auf die sexuelle Außenwirkung hin orientierte Modellierung des Körpers beschäftigt viele (nicht nur) junge Frauen in überdimensionalem Maße und steht ununterbrochen im Mittelpunkt ihres Alltags. Sie sind bei weitem weniger mit der inneren Auseinandersetzung um Werte und Ziele befasst als mit der Frage, wie sie in den Augen anderer ausschauen und ob ihr Aussehen den Erwartungen potenzieller oder gegenwärtiger Partner(innen) stand hält. Der fremde Blick hält sie in seinem Bann. Ihr Spiegelbild sehen sie nicht mit eigenen Augen, sondern in dem aufs (Taschen-)Geld schielenden Dauerscan der Diät- und Schönheitsindustrie.

Susie Orbach weist in ihrem beeindruckenden Buch »Bodies« eindringlich darauf hin, dass Mädchen und Frauen ein zunehmend zerbrechliches Körperselbst besitzen. Sie haben jede gefestigte Wahrnehmungsfähigkeit gegenüber ihren körperlichen Signalen verloren oder gar nicht erst besessen. Der Anstieg von Essstörungen und Selbstverletzungen der eignen Haut belegt dies drastisch. Man darf getrost davon ausgehen, dass Mädchen in der westlichen Welt kaum noch essen, wenn sie Hunger haben, und zu essen aufhören, wenn sie satt sind. Sie haben grundsätzlich ein panisches Verhältnis zur Aufnahme von Nahrung: »Begriffe wie Appetit und Sattheit sagen ihnen gar nichts. Sie sind mit Müttern aufgewachsen, die sich ständig Gedanken um die Akzeptabilität ihres Körpers machen und die von den Töchtern als inkonsistent, kontrollierend und oft ängstlich im Verhältnis zum Essen und zum eigenen Körper erlebt wurden.« (Orbach, 125)

Weibliches Ernährungsverhalten wird heute bereits im Normalfall von Angst und Kontrolle gesteuert. Es pendelt zwischen persönlichen Hungersnöten und Fressanfällen, falschem Stolz und schlechtem Gewissen, zwanghaftem Kalorienzählen und Punktetabellen wie jener der *Weight Watchers* – unter denen man sich keine Art Selbsthilfegruppe vorzustellen hat, sondern das Vermarktungssystem eines börsendotierten Konzerns der Diätindustrie, der seine eigene Nahrungsmittelpalette über Supermärkte vertreibt. Diäten sind ein sicheres Geschäft: Die erste zieht die nächste nach sich und destabilisiert das Essverhalten umso mehr. »Wenn Diäten wirken würden, brauchte man sie nur einmal zu machen«, bringt Susie Orbach die Sache lakonisch auf den Punkt.

»Britischen Umfragen zufolge sind fast drei Viertel aller Mädchen unzufrieden mit ihrem Körper, und mehr als ein Drittel hält Diät.« (Wolters, 89) Jedes zweite Mädchen im Teeniealter erwägt bereits Schönheitsoperationen, nahezu jedes kann Körperstellen benennen, an denen eine Nachbesserung anzusetzen hätte. Achtzehnjährige sparen nicht mehr auf Führerscheine, sondern für Brust-OPs.

»Epidemisch ist bei uns das niedrige Selbstbewusstsein von Mädchen«, zitiert die *»Süddeutsche«* die amerikanische Psychologin Ann Kearney-Cooke, die belegen kann, dass nur eine von zehn bundesdeutschen Acht- bis Siebzehnjährigen sich als »schön genug« empfindet, während 70 Prozent ihr Aussehen für »nicht ausreichend halten«. Die Konsequenz: »20 Prozent der Neun- bis Vierzehnjährigen in Deutschland wünschen sich eine Schönheitsoperation.«[2]

Absehbar geraten auch mehr und mehr Jungen und Männer in den Strudel des Widerspruchs, sich unter großen Mühen als ihr eigenes sexy Körperprojekt zu entwerfen und sich dabei letztlich um ihr individuelles Aussehen zu bringen. Dennoch gilt: »Die Macht dieses Körperprojekts hängt eindeutig mit der Sexualisierung von Frauen zusammen. Natürlich sind sowohl junge Mädchen als auch reife Frauen sexuelle Wesen, und es ist gut, dass junge Mädchen nicht mehr die Scham und die Verlegenheit zu durchleiden brauchen, die früher mit sexuellen Empfindungen einhergingen. Doch die Befreiung, die nach den Vorstellungen der Frauenbewegung eine offene Anerkennung der Sexualität von Mädchen mit sich bringen sollte, hat sich heute in etwas weitaus weniger Rückenstärkendes verwandelt. Es besteht zwar ein echtes und verständliches Tabu um die sexuelle Betätigung Minderjähriger, doch paradoxerweise lastet auf Mädchen ein ganz realer Druck, sich schon in frühem Alter als sexuell attraktiv darzustellen. Auch wenn Entscheidungsfreiheit das Credo dieser Generation ist, hat sich das Spektrum der weiblichen Charaktere und Rollenmodelle für junge Mädchen in Wirklichkeit verengt. In der gesamten Massenkultur drohen sexualisierte Bilder junger Frauen alle anderen Frauenbilder zu erdrücken.« (Wolters, 90)

Das Spielzeug ist dabei Trendsetter. Seit 1959 existiert die Barbie-Puppe und gaukelt Mädchen höchst abstruse Maßstäbe erstrebenswerter Weiblichkeit vor: Der Körper der ersten Modelle entsprach in etwa den Maßen 99-46-84 cm. Später wurde die Taille etwas breiter, blieb aber unrealistisch. Eine echte Frau mit Barbiemaßen wäre nicht lebensfähig. Immerhin darf Barbie berufstätig sein und ist klamottenmäßig gar als Ärztin ausstaffierbar. Dagegen bietet das Ausstattungsrepertoire für die hippe Barbie-Konkurrenz, die Bratz-Puppe – dicker Kopf mit vielen Haaren auf dürrem Körperchen – umso mehr Schminkutensilien und alles rund ums Haarstyling. Die Puppenwelt der Bratz dreht sich nur noch um Lifestyle, Bratz-Puppen liefern ein noch weitaus stärker sexualisierendes Körperbild als Barbies.

Gewiss werden Selbstentwürfe von Mädchen nicht allein durch die Puppen bestimmt, mit denen sie spielen, aber die Barbiesierung von Mädchenköpfen ist auch nicht zu unterschätzen: In Deutschland liegt der Bekanntheitsgrad der Barbiepuppe bei 100%. Statistisch gesehen besitzt jedes Mädchen hierzulande sieben solcher Puppen.

Und es bleibt ja nicht bei neokonservativen Müttern, die sich wie ferngesteuert um weibliche Rollenanpassung bemühen, und Mädchenneid erweckenden Kinderfreundinnen, die immer gleich die neuesten dürren Spielpüppchen ihr eigen nennen dürfen. Es bleibt nicht bei Model-Castings für Teenies und Girlie-Zeitungen voller künstlicher (Vor-)Bilder. Unter der visuellen Macht falscher Ideale darf kaum mehr etwas so bleiben und anerkannt werden, wie es ist. Selbst Kinderfotos werden heutzutage schon wie selbstverständlich geschönt. Fotostudios bieten umfassende digitale Nachbearbeitung an, berichtet Natasha Walters: »Sie korrigieren das Lächeln, entfernen Zahnlücken oder fügen welche ein, begradigen mollige Knie, machen aus kleinen Mädchen Porzellanpüppchen.« Und zwar *sexy* Porzellanpüppchen. So werden sie denn auch angezogen: in allen Rosaschattierungen und Prinzessinnenmoden. Sie tragen eng anliegende Kleidung, die sich selbst in der Art der Aufdrucke kaum mehr von der ihrer Mütter und Omas unterscheidet. Hello Kitty![3] Kein Wunder, dass bereits Sechsjährige gemeinsam mit ihren Müttern über Figurprobleme klagen. Modeketten wie die schwedische H&M boten sogar Tangas für Kids an – falls diese sich nicht mehr im Angebot befinden, hat das mit größter Sicherheit mit der wechselnden Mode zu tun.

Haarfrei – Die neue Sichtbarkeit

Wir haben von der Tatsache auszugehen, dass die Mehrzahl der Mädchen und Frauen heute über kein stabiles Gefühl für ihren eigenen Körper verfügt. Seine Gewichtsgrenzen, sein Aussehen, sein gesamter Zustand werden als unzulänglich und gefährdet wahrgenommen, als etwas, um das man sich permanent sorgen und um dessen Verfassung man kämpfen muss. Frauen sehen sich gewissermaßen von innen und außen zugleich.

Mit diesem entfremdeten Blick und der entsprechenden Verunsicherung betrachten sie auch ihre eigenen intimsten Körperregionen.

Immerhin, sie betrachten sich, könnte man sagen. In der Tat stellt es einen geschichtlichen Fortschritt dar, dass Frauen inzwischen mehr oder weniger selbstverständlich ihr »Untenrum« besichtigen. Diese Veränderung ist nicht zuletzt, wenn auch nicht allein ein Erfolg der Frauenbewegung, die mit ihren Selbstuntersuchungsgruppen der siebziger Jahre Trendsetterin fürs Selbstbesichtigen war. In diesen Gruppen wurde freimütig mit Handspiegeln und Spekula die eigene geni(t)ale Beschaffenheit erschlossen. Die Vorstellungen der damaligen Feministinnen von freier Selbstbestimmung über den eigenen Körper standen in einem einigermaßen verzwickten Überkreuzverhältnis zum Enthüllungseifer der linken Sexisten, die gern ihren Slogan »Wer zweimal mit derselben pennt, gehört schon zum Establishment« durch die Studentenbuden der sechziger und siebziger Jahre posaunten. Sexuell die Wutz rauszulassen, im Sinne Sigmund Freuds also den Trieb nicht länger zu sublimieren, konnte dabei durchaus in mackerhafte Sexualprotzigkeit und pseudoaufklärerische Bevormundung der Frauen umkippen, die gefälligst mitzumachen hatten, wenn sie nicht als bürgerlich verklemmte Hühner gelten wollten. Herbert Marcuse nannte das treffend »repressive Entsublimierung«.

Seit die letztlich sexistische Freizügigkeit, die sich also hinter der »sexuellen Befreiung« dieser Jahre verbarg, die letzten schwarzen Sichtbalken zu Fall und eine »neue Sichtbarkeit« der Körper insbesondere von Frauen hervorgebracht hatte, blieb dem Auge des Betrachters kaum mehr etwas verborgen. Nicht ohne Folgen: »So lässt sich feststellen, dass die zunehmende Akzeptanz der öffentlichen Präsenz bestimmter weiblicher Körperbereiche eine Enthaarung dieser Bereiche nach sich zieht. Dies gilt für Achseln und Beine genauso wie für den Genitalbereich. Knapper werdende Badekleidung sowie die starke Präsenz von Nacktheit in den Medien tragen dazu bei, dass sich für diese Bereiche ästhetische Normen herausbilden.«[4] Auch wenn es gewiss schon weit früher Gestaltungen der Genitalzone gab, waren diese eher privater Natur oder blieben auf Subkulturen beschränkt. Für die letzten Jahrzehnte gilt aber: »Erstmals entwickelt sich eine für weite Schichten der Bevölkerung allgemeingültige und verbindliche Intimästhetik. Eine bis dato primär der Privatsphäre zuzuschreibende Körperregion – die Schamregion – unterliegt fortan einem Gestaltungsimperativ.« Sprich: Die Intimzone ist nicht mehr für dich und mich in ihrer vertrauten Gestalt einfach da, sondern muss für den taxierenden fremden Blick hergerichtet werden, so dass sie ›anmacht‹. Dabei geht es nicht um Ästhetik, sondern um Sexyness. Der taxierende Blick ist gelenkt von geiler Unverblümtheit und modischer Normierung, so dass er alles sarkastisch kommentiert, was sich nicht dem visuellen Diktat unterwirft. Prompt wurde der provokante Auftritt einer achselbehaarten Julia Roberts mit den Worten kommentiert, ob sie möglicherweise einen Chinchilla unter den Armen trage ...

Wie auch immer man zu Schamhaarstylings und Venushügeltattoos steht, offensichtlich herrscht eine kulturelle Tendenz zu allumfassender modischer Ästhetisierung des Körpers, der in Zeiten lebenslänglicher Partnersuche permanent sexy Updates erfahren muss. Körper sind heute weder in ihrem Sosein angenommen noch je bei sich (oder dem persönlichen Beziehungsgegenüber) angekommen. Soviel steht aber fest: Die behaarte Scham ist vorbei. Der Softporno-Look enthaarter Schamhügel und rasierter Vulven ist zumindest für Frauen unter dreißig längst zur allgemeinen Vorgabe geworden. Die aus der immerfort erweiterten ›Bikinizone‹ erwachsene Teilrasur kann als Mindeststandard gelten. Zum Gestaltungstrend der an Rotlichtzonen erinnernden Genitale gesellen sich paradoxerweise Einflüsse aus ganz anderen Kulturen, etwa dem Islam, wo die Rasur von Achsel- und Schamhaar aufgrund des Reinlichkeitsgebots ohnehin vorgeschrieben ist.

Die nackten Tatsachen sind nicht nur freigelegt, sondern auch sichtbar geworden wie nie zuvor: In Sportstudios, Saunen, an Stränden und in Schwimmbädern, bei Wellness und spätestens im Kontakt mit neuen IntimpartnerInnen begegnen sich mehr oder weniger depilierte Schamregionen, was Anpassungsdruck ausübt und bei Nochbehaarten zu einer neuen Art von Schamgefühl führt: Wie laufe *ich* denn rum?! Hat da in der Sauna jemand hinter mir gelacht? Hinzu kommt der Einfluss des unerschöpflichen Internets, das passendes Anschauungsmaterial liefert und gestalterische Anregungen aller Art gibt. Erstmals in der Geschichte wird damit für die Intimzone ein ästhetisches Ideal präsentiert und kann in den Massenmedien offen diskutiert werden. Stars geben Orientierungshilfen. So erklärte Victoria Beckham den »Iro« für Frauen, einen schmalen Haarstreifen oberhalb der Schamlippen, ab 18 Jahren schlicht zur Pflicht.

Die Einschätzungen über den genitalen Kahlschlag gehen auseinander. Die einen sehen in der Intimrasur vor allem der Frauen eine mehr oder weniger bewusste Tendenz der Infantilisierung. Die Enthaarung lässt ihren Körper vorpubertär, verletzlich, unbedrohlich und leicht zugänglich erscheinen. Eine reife Frau wird auf diese Weise optisch zur kindhaften Lolita, durch die sich der Mann in seinem Überlegenheitsgefühl bestätigt fühlen kann. So gesehen, kommt die Enthaarung einer erotischen Selbstbeschneidung der Frau nahe, was die Angstabwehr ihrer unterschwellig als bedrohlich empfundenen genitalen Sexualität erlaubt. So kann Zuflucht zu höchst fragwürdigen Erotiken genommen werden: Das klebrige Bild der unschuldigen Kindfrau trägt die Spuren von Missbrauch und Pädophilie.

Die depilierte Scham ermuntert aber auch zu positiven Sexualpraktiken wie dem Oralsex, einer »harmloseren« Praxis in dem psychologischen Sinne, dass sie die Kastrationsangst mindert. Der ›visuelle Ansatz‹ in den Debatten zum Thema Intimrasur sieht in der Entblößung daher auch Frauenfreundliches: Die Enthaarung bietet durchaus eine Ausweitung weiblicher Erotik. Bloßgelegt, werden die weiblichen Genitalien schließlich viel besser sichtbar. »Diese Sichtbarkeit ermögliche der Frau, sich ihrer Genitalien wie ihrer Sexualität bewusster zu werden. So mache es die Prozedur der Enthaarung in der Regel erforderlich, die Genitalien anzusehen, wobei sich die Frauen hierbei häufig erstmals der Differenziertheit ihrer Genitalien bewusst werden und die eigene Anatomie kennenlernen würden.« (Borkenhagen/Brähler, 76). Das »Seht-her« meint damit nicht: »Ihr müsst keine Angst haben«, sondern: »Das bin ich und ich traue mich, meine Weiblichkeit zu zeigen«. Dieses selbstbewusste Herzeigen könne durchaus stimulierend wirken. Zudem wirke der haarlose Venushügel praller und könne so durchaus auch einen zusätzlichen Reiz haben.

Im konkreten Einzelfall mag die nackte Scham irgendwo zwischen Lolitaschlitz und Vollweibvulva inszeniert werden. Der wesentliche Punkt ist: Inszeniert werden muss sie. »Zwar hat es auch in der Vergangenheit wechselnde Moden hinsichtlich der Gestaltung des Schambereichs gegeben (...), diese waren jedoch nicht Gegenstand eines breiten öffentlichen Interesses, sondern vorrangig privater Natur. Durch die weitläufige mediale Sichtbarkeit vorrangig der weiblichen Genitalien wird ein bisher unbeachteter Körperbereich medial kolonisiert und gleichsam zu einem öffentlichen Raum gemacht.« (Borkenhagen/Brähler, 77)

Die Gestaltung der Scham bleibt nicht beim Rasieren stehen, sondern geht längst unter die Haut. Und das nicht nur in Form von Tattoos oder Piercings ...

5. Schmuck an der Perle?

»Nur eine ›normale‹, individuelle Identität zu haben, reicht offenbar in Zeiten einer globalisierten Moderne nicht mehr aus. Um sich wohl zu fühlen, muss man schon ein Unikat sein.« (Elisabeth Rohr)

Ruth saß in einer fröhlichen Frauenrunde. Es wurde viel gelacht und über Lebensweisen, Liebesverhältnisse und sportliche Vorlieben gesprochen. Irgendwann kam die Rede auf ein sehr persönliches Körperstyling, das eine der Frauen sich zugelegt hatte. Mit leuchtenden Augen erzählte sie, dass sie ein Genitalpiercing trägt. Damit, so stellte sich heraus, war sie allerdings nicht allein. Am Ende war klar, dass alle versammelten zehn Frauen ein Intimpiercing trugen – außer Ruth.

Jede dieser Frauen hat sich ganz persönlich dafür entschieden, ihren intimsten Körperteilen mit einem durch die Haut gestochenen Schmuckstecker eine individuelle Note zu geben. Keiner von ihnen sind freie Selbstbestimmung und individueller Geschmack abzusprechen. Jede von ihnen wollte sich einfach etwas ganz Besonderes als Schmuck oder zur Steigerung ihrer erotischen Freuden zulegen. Um so mehr erstaunt das Ergebnis: Unterm Strich hatten sie alle dasselbe getan und damit ohne jede Absicht eine Genitalpiercingträgerinnengruppe ins Leben gerufen.

Um konkret zu werden: Wie dürfen oder müssen sich genital Ungeschmückte bzw. Menschen ohne einschlägige Begegnungen die zunehmend beliebten Metallverzierungen eigentlich vorstellen? (Den Nervenschwächeren empfehle ich, vorbeugend Platz zu nehmen, falls Sie nicht bereits sitzen.)

Frauen lassen sich kugelbesetzte Piercingringe und Metallstäbchen an verschiedensten Stellen ihrer Vulva anbringen, anatomische Ansteck- und Durchstichmöglichkeiten dazu lassen sich vom Venushügel bis hinab zum Anus finden. Besonders beliebt sind Ringe in den Schamlippen oder Stecker mit Kugeln an beiden Enden, sogenannte Barbells, in der Hautkappe über der Klitorisperle. Manche Frauen tragen ihr Piercing nicht etwa in der Klitorisvorhaut, sondern in der Klitoris selbst, wo das Stechen aufgrund der immensen Nervendichte dieser Körperregion äußerst schmerzhaft ist. Andere schmücken sich mit Ringen an der Stelle, wo die beiden äußeren Schamlippen unten zusammenlaufen, schaffen metallene Zierverbindungen von der Harnröhren- hin zur Vaginalöffnung und andere Zusammenhänge mehr. Die Bezeichnungen des Intimschmucks klingen mädchenhaft harmlos: Von Christina- über Isabella- und Prinzessin Alberta- bis hin gar zum Lady Di-Piercing oder dem »Magic Cross«, das die Klitorisperle gleich von mehreren Seiten her für sich einnimmt. Ob wir das alles ebenfalls einnehmend finden, sei jeder einzelnen überlassen. Ich gestehe freimütig ein, dass mich die Vorstellung schaudern lässt, solche Einsätze auch nur am Leibe anderer betrachten zu müssen.

Piercings in Lippen, Augenbrauen oder am Bauchnabel sind längst zum Massenphänomen geworden, aber es hat den Anschein, dass inzwischen auch Intimpiercings keine Ausnahmen mehr bilden. Die Forschung hat sich in den letzten Jahren der Körpermodifikationen angenommen, allerdings gibt es bislang nur annähernde Zahlen. Und wo sollte man sie auch erheben?

Die Antwort lautet: In Wartezimmern von Zahnarztpraxen, denn dort versammelt sich ein repräsentativer Bevölkerungsdurchschnitt. Aus diesem Grund wurden diese Vorhöfe klassischer Schmerzerwartung im Jahre 2005 als Orte für Umfragen zu Piercings gewählt. 1,8 Prozent der dort Befragten gaben an, genital gepierct zu sein. Mehr als die Hälfte davon waren Frauen (57,1 Prozent). Im Durchschnitt hatten die Leute sich das Piercing mit rund 24 Jahren stechen lassen, also als junge Erwachsene und mithin nicht als Jugendliche. Dies widerspricht der verbreiteten Annahme, dass sich Piercings und Pubertät nicht nur den Anfangsbuchstaben teilen. Eine andere Erhebung, die schon aus dem Jahr 1997 stammt, zielte auf die Wünsche: Wo würden sich Piercingwillige wohl am liebsten ein solches stechen lassen? Von rund 3.200 Befragten, die sich gern piercen lassen würden, wünschte sich immerhin die Hälfte aller Frauen in den Vierzigern ein Brustwarzenpiercing (Männer: 29 Prozent). Ein Genitalpiercing wünschten sich drei Prozent der 20-29jährigen Frauen und elf Prozent der 30-39jährigen Männer.[5]

Die Bereitschaft, sich ohne Not einer schmerzhaften Prozedur zu unterziehen, steigt. Das lässt fragen, was die Menschen antreibt. Was sagen genital Gepiercte über die Gründe, die für den intimen Schmuck sprachen, und über ihre Zufriedenheit, speziell was die Sexualität angeht? Piercingstudios versprechen immerhin, dass Intimpiercings »nie dagewesene Orgasmen und Lustgewinne bereiten. Egal ob beim Verkehr mit dem Partner(in) oder mit sich selbst«.

Eine dazu interviewte Frau bestätigt, durch ihr Genitalpiercing sei ihre Orgasmusfähigkeit erheblich gestiegen. Außerdem könne sie durch das Piercing gut zum Ausdruck bringen, dass sie ihren Körper als ihr Eigentum betrachtet. Eine andere bestätigt ebenfalls, dass sie mehr Höhepunkte erleben kann, seit sie gepierct ist. Nach einer Studie aus dem Jahr 2007 fühlen sich Frauen mit Piercing weniger gehemmt und positiver einstellt als Frauen ohne. Ob das nun ein Beweggrund für das Piercing oder dessen Auswirkung war, ist damit allerdings nicht gesagt ...

Eine andere Studie befragte 77 Frauen – überwiegend heterosexuell und gut gebildet – mit einem Piercing in der Klitorisvorhaut, ob sich ihre Sexualität dadurch verbessert habe. Dafür ergab sich keine klare Bestätigung, aber nach der Aussage der Frauen wirkte sich das Piercing immerhin positiv auf ihr Empfinden beim Geschlechtsverkehr aus.

Hören wir hierzu noch ein paar weitere Stimmen:

»Ich finde es nicht nur ästhetisch, sondern nutze sie auch als Spielzeug beim Sex.« (Sonja, 28)

»Ich kann nur jeder Frau raten, sich solch ein Piercing (einen Ring in den Schamlippen) zu setzen.« (Janette)

»Einmal hatte ich einen jungen Mann, der am Schwanz gepierct war. Das fand ich sehr aufregend. Mal was anderes. Einige Zeit später besuchte ich eine Freundin und die erzählte mir stolz von ihrem Intimpiercing. ›Zeigen!‹, forderte ich sie auf. Der Anblick gefiel mir. So ein Intimschmuck verleiht einem eine ganz neue, aufregende Optik. Weswegen ich mir spontan auch eines machen ließ: So genannte ›Barbells‹ am Ende des Venushügels – ein feines Spielzeug für die Jungs.«[6] (Monika, 48)

Grundsätzlich erleben viele der frisch gepiercten Frauen ein »unbeschreibliches Glücksgefühl«, sie freuen sich über ihre neu gewonnene körperliche Attraktion und sind stolz darauf, sich mehr oder weniger selbst dazu verholfen zu haben.

Ein Intimpiercing ist im Unterschied zu anderem Körperschmuck nur für Eingeweihte sichtbar oder wird sogar nur für spezielle Stunden an entsprechender Stelle eingesetzt. Als Fremdkörper im Intimbereich ist es bereits bei kleinsten Körperbewegungen spürbar und stellt so einen ganz besonderen Stimulus dar.

Das Gegenüber nimmt derlei Piercings allerdings nicht unbedingt als ästhetisch oder aufreizend wahr – je älter die Betrachtenden, desto tiefer sinkt allgemein die Begeisterung, die Intimpiercings in deren Augen auslösen. Dagegen steigt die Verwunderung, warum man sich das freiwillig antut.

Womit wir beim Schmerz wären, den die unterschiedlichsten Piercingvarianten wie auch das Stechen intimer Tattoos unausweichlich mit sich bringen. Es gibt Untersuchungen, die der Frage nachgehen, ob das Setzen von Genitalpiercings nicht in pathologische Richtungen weist. Neigen Menschen, die sich intimen Schmuckreiz stechen lassen oder nicht selten gar selbst stechen, zu erhöhter Selbstverletzung als Ungepiercte? Eine Studie verneint das jedoch ausdrücklich: »Piercing ist eine rein modische Form der Körperverletzung und kann als solche – trotz phänomenologischer Ähnlichkeit – nicht mit selbstverletzendem Verhalten im klinischen Kontext gleichgesetzt werden.«[7]

Wissenschaftlich festgestellt wurde: Menschen mit Genitalpiercings machten früher sexuelle Erfahrungen als andere. Und es gibt mehr Homo- und Bisexuelle unter ihnen, wie eine Studie belegen konnte, leider ohne zu verdeutlichen, ob es sich hier eher um Frauen oder Männer handelt.

Festgestellt wurde außerdem, dass genital Gepiercte eher eine Neigung zu SM-Praktiken haben. Beispielsweise stellen sogenannte »Playpiercings« die Möglichkeit dar, die Intensität des Schmerzes über die Einstichtiefe zu regulieren. Meist werden dazu für eine gewisse Zeit Nadeln durch die Schamlippen oder durch den Penis bzw. den Hodensack gestochen oder auch »Suspensions« angebracht: Haken, an denen der Körper zeitweise in bestimmten Positionen fixiert wird.

Aber auch wer keinerlei Neigung verspürt, sich am eigenen Fleisch aufhängen zu lassen, lässt sich mitunter piercen – und nimmt den Schmerz dann zumindest als Begleiterscheinung hin, die mit Coolheit ertragen werden muss. Gepiercte klagen allenfalls über die langwierigen Heilungsprozesse. »Lästig daran ist, dass die Wunden sie an die Verletzung erinnern, die sie ihrem Körper zugefügt haben. Diese Verletzung soll möglichst schnell unbewusst gemacht werden, weil der zugrunde liegende autoaggressive Akt verdrängt werden soll und der langsame Heilungsprozess die nach dem Piercen auftretenden Glücksgefühle und den damit verbundenen Autonomie- und Identitätsgewinn stören beziehungsweise hinauszögern.«[8]

Auch wenn dies von den Beteiligten geleugnet wird: Piercings oder Tattoos stellen eine Form der Autoaggression dar.

Sie sind das »schmückende« Ergebnis einer Handlung, die gegen den eigenen Körper gerichtet wird. Tattoos wie Piercings sind eine Verletzung natürlicher Körpergrenzen, und es gehört unweigerlich zum Akt dieser körperlichen Umgestaltung, die damit verbundenen Schmerzen zu ertragen. Unumgänglich ist auch, gesundheitliche Risiken in Kauf zu nehmen: Immerhin führen 30 Prozent der von Profis gestochenen Tattoos und Piercings zu Entzündungen, Allergien und anderen Komplikationen. Beim Do-it-yourself sind es rund 70 Prozent (*»Der Spiegel«*, 25/2003). Um die Ausmaße zu verdeutlichen, ist es vielleicht hilfreich zu wissen, dass beispielsweise die bei Frauen so beliebten Bauchnabelpiercings nicht selten bis zu einem Jahr brauchen, um vollständig auszuheilen. Besonders schmerzhaft und hochriskant sind Zungenpiercings. Sie stellen einen klar körperlich schädigenden Eingriff dar. Der Stab, den man hierbei durch die Zunge führt, muss fast doppelt so lang sein wie derjenige, den man später trägt, denn die Zunge schwillt massiv an. Was auch die Gefahr mit sich bringt, dass sie die Luftwege blockiert und es zur Erstickung kommt. Es bleibt die Frage, wieso sich Menschen zu einer derartigen Manipulation an diesem so wichtigen und vitalen Körperteil bereit finden.

Die sicherste Adresse, um sich ein Piercing möglichst risikoarm platzieren zu lassen, wären eigentlich Ärzte. Doch es ist fraglich, ob eine derartige Körperveränderung aus nichtmedizinischen Gründen überhaupt zu den ärztlichen Aufgaben zu zählen wäre. Bisher ist dies strittig, denn das Piercen widerspricht dem Hippokratischen Eid: Hier wird schließlich nichts für die Gesundheit getan, sondern ganz im Gegenteil Gewebe geschädigt. So bleibt es denn überwiegend Piercing- und Tattoostudios überlassen, mit mehr oder weniger Geschick auch ans Eingemachte zu gehen. Gerade bei Intimpiercings geht die größte Gefahr aber sicherlich davon aus, dass MetallanhängerInnen selbst Hand bzw. Nadel anlegen.

Schenkt man den Selbstaussagen Glauben, bescheren die metallenen Intimanhängsel den so Geschmückten ein gesteigertes Selbstbewusstsein im Slip und darüber hinaus. Anders wäre wohl noch schwerer zu erklären, warum sich Frauen und auch Männer in steigender Zahl selbst genital quälen oder quälen lassen. Bei Frauen erstaunt diese Tendenz allerdings schon deshalb, weil ihre Genitale die höchste Nervendichte besitzt, die der menschliche Körper aufweisen kann. Selbst wenn es dem subjektiven Empfinden nach stimmen mag, dass eingebaute Kugeln, Ringe und Stecker die Vulva verschönen und stimulieren, deutet bereits dieses Steigerungsverlangen auf eine wachsende Unzufriedenheit mit der weiblichen Grundausstattung hin: Frauen empfinden inzwischen nicht mehr nur ihre Brüste, Oberschenkel, Bäuche, Backen und Wangen als unzulänglich, sondern jetzt auch noch ihre Genitale.

Wieso eigentlich muss optimiert werden, was von Natur aus beileibe nicht schlecht ausgestattet ist? Frauen, die über die Genialität ihrer Genitalien Bescheid wissen und sie lustvoll selbst genießen, können stolz auf ihren ›puren‹ Körper und seine Einzigartigkeit sein. Doch in Zeiten, in denen der visuelle Catwalk inzwischen selbst auf den Intimbereich ausgedehnt wurde, eifern immer mehr Frauen nun auch dort künstlichen Vorbildern nach, die ihnen vorgaukeln, wie eine Muschi mit Modelmaßen auszusehen hat …

6. Alles machbar

»Die visuelle Dauerberieselung, die in Aufzügen und Warteschlangen gleichermaßen gegenwärtig ist und der unser Blick sich nicht entziehen kann, erzeugt eine hyperbewusste, hyperkritische Haltung dem eigenen Körper gegenüber. Das hat ein kulturelles Klima geschaffen, in dem es als persönliche Pflicht empfunden wird, Aussehen und Funktionieren des eigenen Körpers zu optimieren. Der Körper ist eine Aussage über uns und ein Ort der Selbstkompetenz.

Wo immer wir leben, erstreben wir über unseren Körper Zugehörigkeit. Er soll konform sein, einem bestimmten Bild entsprechen, das sich Jahr für Jahr verengt, da die fortschreitende Globalisierung den idealisierten, schlanken, westlichen Frauenkörper als den Körper propagiert. Männer haben noch ein paar Optionen, aber auch diese schwinden.« (Susie Orbach, 170f.)

Das Geschäft boomt. In Zeiten der chirurgischen Machbarkeit hat der Schönheitswahn breite Bevölkerungsschichten in einen Optimierungstaumel versetzt. Menschen aller Schichten träumen von Raffungen, Hebungen, Aufpolsterungen, Verschlankungen und vor allem von Glättungen am eigenen Leibe. Wer noch naturbelassen umherläuft, erscheint mehr und mehr nicht nur als optische Zumutung, sondern auch als schwacher Charakter. »Sie lässt sisch geh'n, sie lässt sisch geh'n«, näselte der französische Sänger Charles Aznavour im letzten Jahrtausend über seine Gattin in Morgenrock plus Lockenwicklern. Heute lässt sisch geh'n, wer noch nicht körperlich hat nachschnippeln lassen. Und das gilt nicht nur für Altersspuren, sondern für die körperliche Grundausstattung jedes einzelnen Details. Längst sind die letzten Körperzonen dem Bildergebot unterlegen und dem Nachbesserungsdruck unterworfen – auch der Genitalbereich.

Innerhalb der kosmetischen Chirurgie hat sich in den letzten Jahren eine eigenständige Sparte entwickelt, die sich ausschließlich mit der genitalen Optimierung von Frauen, sprich: der Anpassung weiblicher Genitalien an die sich etablierende Intimnorm befasst: Die *Female Genital Cosmetic Surgery* (FGCS).

Es ist davon auszugehen, dass die Intimrasur, die bei den unter 30-jährigen Frauen bereits 2006 (laut einer Dr.-Sommer-Studie) als Standard gilt, und die verstärkte mediale Sichtbarkeit vor allem der weiblichen Genitalien zur Herausbildung von Idealen genitaler »Schönheit« geführt haben. Die zu besichtigenden nackten oder kaum bedeckten Schambereiche von Frauen finden sich nicht nur auf mehr oder weniger pornografischen Internetseiten, sondern auch auf solchen der Sexualaufklärung. Auf den Dr.-Sommer-Seiten der Jugendzeitschrift *»Bravo«* ist eine »Vulva-Galerie« (wie auch eine Penis-Galerie) zu finden. Die meisten der dort zu besichtigenden Frauen sind rasiert. Die Freilegung der Vulva (ver)führt Mädchen und Frauen dazu, die öffentlichen Genitale und offenbaren Genitalideale kritisch auf die eigene Körperausstattung zu beziehen.

Das neue ästhetische Ideal entspricht – ob nun absichtsvoll oder nicht – der Engführung auf eine kindhafte Vulva, bei der volle äußere Schamlippen die inneren verdecken. Der so entstehende »Lolita-Effekt« lässt Vulven, bei denen die inneren Schamlippen herausschauen, als nicht mehr jugendlich und irgendwie ordinär erscheinen. Auch asymmetrische Schamlippen werden damit plötzlich zum Schönheitsmakel.

Unterm Strich läuft die chirurgische Verschönerung vorwiegend auf ein Zurückschneiden und Zurechtstutzen hinaus – weniger scheint mehr. Was zu denken gibt: Während die Brüste nicht groß genug sein können, sollen die kleinen Schamlippen letztlich unsichtbar werden.

Nebenbei bemerkt, gab es auch Zeiten, in denen die berühmte »Hottentottenschürze« Aufsehen erregte. Darunter stellte man sich im 19. Jahrhundert unter schlüpfrigem Erschaudern die immens ausgebildeten inneren Schamlippen von Afrikanerinnen vor. Die damaligen Anthropologen hielten die Schürze der ›hottentottischen Venus‹ allen Ernstes für das Rassenmerkmal südafrikanischer Frauen. Tatsächlich wurde die bekannteste Hottentottin denn auch nach Europa verbracht, mit dem Namen Sarah Bartmann bekleidet und – angezogen – neugierigen Menschen vorgeführt. Ausziehen musste sie sich dennoch: vor Naturwissenschaftlern, die nach Abschluss der Inspektion zu zweifelsfreien Ergebnissen hinsichtlich der Art ihrer Schürze kamen. Als die arme Frau verstorben war, wurden ihre Genitalien gar noch seziert und in Formalin eingelegt. Die behauptete Realität hypergroßer innerer Schamlippen gilt trotz alledem als nicht bewiesen. Hinreichend belegt sein dürfte aber die höchst fragwürdige Faszination, der die Wissenschaftler der damaligen Zeit erlagen und die sie dazu antrieb, im afrikanischen Frauentyp eine (sexuell) Wilde und offenbar mehr dem Orang-Utan als der menschlichen Spezies verwandte Kreatur zu erkennen.

Heute geht der Trend also umgekehrt zu Verkleinerung und kleinmädchenhafter Standardform. Mit dieser Tendenz schrumpft aber die Anerkennung von Vielfalt, von Abweichung *innerhalb* der großen Bandbreite von Normalität, die selbst die *»Bravo«* immerhin betont (auch wenn die Bilder in deren Vulva-Galerie dies nicht unbedingt unterstreichen), zugunsten der Anpassung an das Vorbild einer Mädchenmöse, die selbst an eine Kinderzeichnung erinnert: Kreis, Punkt, Strich – fertig ist das Mädel, nicht?

Dass dieses Ideal real ebenso machbar ist wie jede andere

körperliche Nachbesserung, wird längst vorausgesetzt. Schönheit, egal in welcher Körperzone, ist keine Gabe der Natur, sondern allenfalls noch als Rohstoff vorgegeben. Schönheit ist käuflich und erzeugbar durch den Konsum von Diäten, Fitnessangeboten oder auch kosmetischen Eingriffen.

Wie kurz der Weg zur idealen Schamlippe ist, wird heutzutage ganz nebenbei auf dem Weg zur Arbeit klar: »Welches Ausmaß die offensive Werbung für kosmetische Genitalchirurgie inzwischen auch in Deutschland erreicht hat, war bis vor Kurzem in der Hamburger U-Bahn zu sehen: Die Adressen der Anbieter von Schamlippenverkleinerungen flimmerten dort über jene Monitore, die sonst über das Wetter und die neuesten Nachrichten informieren.« (Borkenhagen 2010)

Bereits für das Jahr 2005 wurde bei einer Hochrechnung auf rund 1.000 Schamlippenstraffungen in Deutschland geschlossen, die Dunkelziffer nicht eingerechnet.[9] Bei all dem Geschnippel geht es höchst selten um medizinisch begründete Eingriffe, etwa weil zu große bzw. zu weit innen liegende Schamlippen (Labienhypertrophie) möglicherweise beim Geschlechtsverkehr oder beim Urinieren stören, beim Radfahren oder Wandern schmerzen oder beim Tragen körperbetonter Kleidung reiben. Die allermeisten Eingriffe im Genitalbereich von Frauen sind reine Schönheitsoperationen. Als Motive oft genannt: zu lange innere oder erschlaffte äußere Schamlippen und Asymmetrien. Vor allem werden Verkleinerungen gewünscht, was beweist, dass es vor allem ein ausgeprägtes Schamgefühl gegenüber der Anatomie der eigenen Genitalien ist, das Frauen zu solchen Eingriffen treibt.

Dem Terror, der von der allgegenwärtigen Idealvulva ausgeht, steht andererseits in unserer informationstrunkenen Gesellschaft ein bizarres Unwissen gegenüber. Kaum einer Frau, ja kaum einem Gynäkologen ist die wahre Variationsbreite bekannt, die Vulven haben können. Wissenschaftliche Forschungen zur Vulva sind relativ selten und erst neueren Datums. Das kann uns kaum wundern, seit wir wissen, dass Helen O'Connells eigentliche wissenschaftliche Entdeckung der Klitoris in ihrer wahren Gestalt im Jahre 1998, also knapp vor Ende des zweiten Jahrtausends stattfand.

Erst 2005 wurden 50 Frauen systematisch vermessen. Dabei wurde deutlich, dass Form und Färbung der äußeren Genitale stark variieren. Die Ausdehnung der kleinen Schamlippen zwischen Klitoris und Damm lag zwischen 2 und 10 cm. Die Länge der kleinen Schamlippen betrug 7 bis 55 mm. Die mittlere Länge lag bei etwas mehr als zwei Zentimetern. Lange innere Schamlippen sind also keine Seltenheit, sondern vielmehr *eine* Variante innerhalb der Norm. Auch die Form der äußeren Geschlechtsorgane erwies sich als äußerst verschieden. Da sich die untersuchten Frauen nicht über irgendwelche Probleme beklagten, kann man davon ausgehen, dass eine anormale Ausbildung der inneren Schamlippen nicht unter einer Länge von fünf Zentimetern vorliegt. Selbst wenn dieses Maß überschritten wird, rückt eine Operation erst dann in den Bereich des Sinnvollen, wenn Beschwerden vorliegen. Die meisten Genitaloperationen sind also rein kosmetischer Art – im stärkstdurchbluteten und von bis zu 8.000 Nerven durchzogenen Bereich des weiblichen Körpers!

Mit Verkleinerungen der inneren Schamlippen sind natürlich noch nicht alle Möglichkeiten ausgeschöpft. Es können auch die großen Schamlippen mit Eigenfettgewebe oder mit Hyaluronsäure aufgefüllt werden – ein Verfahren, das nach einiger Zeit wiederholt werden muss, da der Körper beide Substanzen abbaut. Falls der Trägerin die äußeren Schamlippen zu groß erscheinen, können sie durch Fettabsaugung reduziert werden.

Auch die Klitoris ist gestaltbar. Zum einen kann sie verlagert werden – beispielweise näher in Richtung Vaginaleingang. Auch kann sie unter der Vorhaut freigelegt werden. Beides soll der besseren Stimulierbarkeit dienen. Allerdings bestätigen nur 9 Prozent der in einer Studie befragten so operierten Frauen den gewünschten Effekt.[10] Das Freilegen der Klitoris wurde übrigens bereits vor rund hundert Jahren durchgeführt – damals allerdings erstaunlicherweise, um die Neigung zur Masturbation zu mildern.

Natürlich macht der Gestaltungswahn auch nicht vor dem Inneren halt. Es kann die Vagina verengt werden, wozu nach einer Geburt auch schon mal die ein oder andere Hebamme rät, damit die junge Mutter nicht »weit wie ein Scheunentor« bleibe ... Die Vagina kann gestrafft und unterspritzt oder durch Laserstrahlen geschrumpft werden, die zu einer Hauterneuerung führen. Die Vaginalschleimhaut kann in wiederholten Eingriffen mit Eigenfett unterspritzt werden, wofür Fettgewebe aus dem Oberschenkel, Bauch oder Po entnommen wird. Und es ist sogar eine Vergrößerung der G-Punkt-Region im Angebot – obwohl ein G-Punkt letztlich nie nachgewiesen wurde und nach den aktuellen Erkenntnissen getrost der Klitoris zugeschlagen werden darf.

Vor- und Spitzenreiter der kosmetischen Genitalchirurgie sind selbstredend die USA, wo man schon seit einigen Jahren in TV-Liveshows der Verschönerung zwischen den Beinen beiwohnen kann. Inzwischen wird der Wunsch nach Genitalkorrekturen auch in Deutschland immer häufiger an Gynäkologie und Plastische Chirurgie herangetragen. Ein Schamlippenlifting erscheint immer mehr Frauen die Kosten von 700-1.000 Euro wert. Der ästhetische Gestaltungsimperativ, der auf ihnen und zunehmend auch auf Männern lastet, übt auch auf die Intimzonen Druck aus. Die Scham über eine ›hässliche Scham‹ schmälert das Selbstwertgefühl und das Erleben der eigenen körperlichen Attraktivität.

»Dabei wird kosmetische Genitalchirurgie aber nicht nur als eine von vielen Optionen zur Körpergestaltung gepriesen, sondern Anbieter, Konsumentinnen und vor allem die Medien propagieren kosmetische Genitalchirurgie darüber hinaus als Methode, die den Frauen über die Gestaltung ihres Körpers auch mehr sexuelle Freiheit eröffnet. Schaut man sich die Medienberichte über kosmetische Genitalchirurgie an, so erscheint diese als Königsweg zu einem verbesserten weiblichen Lustempfinden.« (Borkenhagen, 100)

Mit dem Skalpell zum Orgasmus? Viele Frauen betrachten dies mehr und mehr als gangbaren Ausweg aus ihrem eingeschränkten sexuellen Erleben. Der Grund für zu wenig Lust wird damit auf die körperliche Ausstattung verlagert – auf eingeschränkte Stimulierfähigkeit und mangelnde Ästhetik. Früher hatten Frauen Angst, dass die Frisur schlecht sitzt oder man behaupten könnte, sie hätten Haare auf den Zähnen. Heute dürfen sie nicht einmal ein Haar im Slip haben und fürchten um den korrekten Sitz von Klitoris oder G-Punkt. Sie sind tief beunruhigt, dass Größe oder Gekräusel ihrer Schamlippen die Männer in die Flucht jagen könnte oder ihre Genitalien schlichtweg zu hässlich sind, fühlen sich beim Sex gehemmt und verhindern Stellungen, bei denen der Partner ihre Vulva zu Gesicht bekäme.

»Sie (die Schamlippen) haben mein Sexleben ruiniert. Ich habe mich nie sicher und zufrieden beim Sex gefühlt. Ich fühlte mich wie eine Aussätzige. Ich habe nie jemandem erlaubt, mich nackt zu sehen.«[11]

Zitate wie dieses machen deutlich, mit welch erschreckend fremdem Blick sich Frauen noch bei ihren intimsten Begegnungen betrachten – und zwar nicht einmal mit dem Blick des Partners/der Partnerin, sondern dem der neuen genitalen Schönheitsnorm, die überwiegend aus der Pornografie stammt. Zitate wie dieses belegen die erschütternde Unsicherheit, die heute das Verhältnis von Frauen gegenüber ihren natürlichen Körperlinien, -grenzen und -qualitäten kennzeichnet. Wie könnte eine am eigenen Leib derart verunsicherte Frau da auf die Idee kommen, dass sie ihrer ›Ausstattung‹ möglicherweise einfach nur nicht genug Wertschätzung und positive Empfindung entgegenbringen kann? Dass sie vor lauter Schönheitsdiktaten, die sie sich bereitwillig ›anzieht‹, womöglich die eigene Nacktheit nicht mehr schön findet? Wie käme eine solche Frau auf die Idee, diejenigen, die ihre Intimausstattung nicht »porno« finden, unter ihrer Würde zu finden und schlicht und ergreifend in die Wüste zu schicken?

Nahezu jede Frau ist am eigenen Leib schon bezüglich Gewicht und Schönheit permanent verunsichert und instabil. Zudem läuft der Zerrspiegel der sexuierten Schönheitsideale das ganze Leben lang neben ihr her wie ein herrenloser Hund und pinkelt ihr auf Schritt und Tritt ans Bein. Auf Werbeplakaten in der Bahnstation, auf Internetseiten im Büro, bei der Zeitschriftenlektüre im Wartezimmer, im Fernsehen, im Fitnessstudio, den ganzen Tag über ist sie umstellt von irrealen Frauenbildern, gegen die sie sich ununterbrochen die eigene ästhetische Zumutbarkeit und Attraktivität neu beweisen muss. Mit der Verbreitung genitaler Schönheitsideale sitzt die Angst der Frauen vor optischer Unzulänglichkeit jetzt sogar im Slip und fordert sie permanent auf, etwas zu ändern, um sich »geil« zu finden. Ein permanent zuppendes Genitalpiercing kann da möglicherweise so beruhigend wirken wie ein Babyphon.

Die ›Vagina dentata‹ hat gewissermaßen die Seite gewechselt. Heute ist sie eine Designermarke der Schönheits- und Sexindustrie, die Skalpelle bleckend vor der Vulva sitzt und das erotische Selbstwertgefühl und den Körperstolz der Frauen verschlingt.

Verunsicherte Frauen suchen seit jeher das Problem vorwiegend bei sich selbst, nicht in den Fremdbildern und Zumutungen, die andere an sie herantragen. Sie wollen sich verbessern, an sich arbeiten, sie strengen sich an, wie brave Mädchen sich eben anstrengen. Lange haben sie einfach etwas Leckeres gekocht und die Wohnung umdekoriert. Am Abend haben sie Dessous an- und wieder ausgezogen und ein paar Verwegene waren womöglich so mutig, erotisches Spielzeug zu kaufen. Dann haben sie sich Bücher voller Sextipps bestellt, alle Bedienungsanleitungen ausprobiert und dabei die Orgasmusfrequenzen gestoppt. Sie wurden Expertinnen für Lingam-Massage und haben sogar von Yoni-Massage gehört. Inzwischen ist das Verbesserungsprogramm bei der Hardware angekommen: Heute lassen Frauen sich die Brust machen nach dem Promifoto aus der Illustrierten, das der Freund ihnen anreicht, und ihr Muschiland nach Internetvorlagen formen.

Dabei wissen auch heute noch die wenigsten Bescheid über die wahre Gestalt und das Wesen der Klitoris. Weniger Frauen denn je gehen mit intuitiver Selbstgewissheit davon aus, dass ihre genitale Geografie irgendwo im breiten Rahmen der natürlichen Vielfalt liegt. Jedes Zipfelchen, jedes Fältchen, jedes Färbchen droht das aufwändig geschneiderte Selbstbild zu untergraben und landet auf der Abschussliste: Das da muss weg!

So sehen viele den Wald vor Bäumen nicht. Sie starren von Stamm zu Stamm, kommen vom Hölzchen aufs Stöckchen, ohne auf sich selbst zu achten. Zwar wissen sie aus zahlreichen Frauenzeitschriften und Ratgeberinnenbüchern, dass sie sich mögen und annehmen und lieben, sich spüren und sich dafür so viel Zeit nehmen dürfen, wie sie wollen. Und zwar auch zusammen mit Partner oder Partnerin! Doch das tun die wenigsten. Umfragen belegen, dass die Tendenz bei Frauen (übrigens auch bei Männern!), einen Orgasmus vorzutäuschen, sogar noch zugenommen hat. Frauen geben sich nicht die Zeit, die sie brauchen, verlangen nicht die Zärtlichkeit, die sie möchten. Sie akzeptieren nicht, wenn ihre persönliche Lustflüsterin ihnen zuraunt, das sie jetzt gerade eben *keine* Lust verspürt oder nicht auf das, was der Kerl auf der Latte hat. Statt einen Mann, der nicht gleich von Null auf Hundert ist (und drei Sekunden später im Tiefschlaf liegt), als der eigenen Lustkurve entgegenkommend zu werten, werfen sie den, der's nicht sofort bringt, aus dem Bett oder umhüllen ihn zumindest mit der Aura der Enttäuschung.

Männer stehen ebenfalls vor spezifischen Herausforderungen, wenn sie sich von schussorientiertem Sex und Viagrakrücken lösen und an dem orientieren wollen, was ihnen gefällt. Oft fehlt es ihnen an körperlicher Sensibilisierung; so gut wie immer stehen ihnen die sexuelle Leistungsorientierung und die Angst vor Imageverlust im Weg. Die gesellschaftliche Verunsicherung, unter der heutige Männer stehen, addiert sich auch für sie mit dem aus der allgemeinen Hypersexualisierung herrührenden Druck, für ihre körperliche Attraktivität sorgen zu müssen. Je härter Frauen an der eigenen körperlichen Sexyness arbeiten (lassen), desto mehr erwarten sie diese Anstrengung auch von ihrem männlichen Gegenüber. Je unsicherer sie ihrer eigenen Körperausstattungen sind und je weniger sie auf die Signale ihrer eigenen Lust(flüsterin) hören, desto ungestümer projizieren sie ihren Optimierungs- und Erwartungsdruck auch auf die ohnedies stark verunsicherten Männer.

Noch heute wird Kindern und Jugendlichen im Sexualkundeunterricht oder auf Aufklärungsseiten von der Klitoris allenfalls das Bild eines K(n)öpfchens vermittelt. Bitte klingeln? Bitte kitzeln? Niemand zu Hause? Wie käme eine Frau, die wenig über ihr zentrales Lustorgan weiß und der launigen Sexqueen häufig misstraut, wie also käme diese Frau zu so viel Selbstbewusstsein, beim Sex zu erwarten oder gar zu fordern, dass sie ihren Bedürfnissen und körperlichen Ausstattungen gemäß geliebt wird, wo und wie und solange es ihr Spaß macht? Woher nähme sie die Zuversicht, die ›Bedienungsanleitung‹ bei sich selbst zu suchen und nicht in Ratgebern über Sextechniken?

Die heutigen Operationsmöglichkeiten entfernen Frauen noch weiter von der Selbstbestimmung über ihre Sexualität als alle bisherigen erotischen Zerrbilder und techniklastigen Sextipps zusammen. Die Illusion beliebig herbeischneidbarer Mösen und Orgasmen diktiert Frauen ein Sexualerleben, das sich an der Norm der männlichen sexuellen Empfindungskurve orientiert, nicht an dem, was Frauen aufgrund ihrer Klitoris erleben könn(t)en. Das Potenzial des klitoralen Empfindens überragt bei weitem das des Penis und, was das weit wichtigere an diesem Potenzial ist: Es wird zusätzlich beflügelt durch jene innere Bezogenheit, die für die allermeisten Frauen Bestandteil und Voraussetzung von Sex ist – auch wenn sich junge Frauen zunehmend gern ebenfalls eine coole

Bedienungsmentalität zulegen, bei der Sex von Emotionen abgeschnitten wird wie unpassend geformte Schamlippen.

Es erscheint angenehm simpel, die Lösung beim Körper zu suchen, der nach Anleitung geliebt werden muss oder, falls die Sextechnik nicht innerhalb der üblichen Reiz-Reaktionszeiten zum Ziel führt, mit beherztem Entschluss chirurgisch optimiert werden kann. Alles eine Frage der Technik! Wenn man obendrein Geld dafür zahlt, muss es umso besser wirken. Wenn die Tantra-Massage versagt, wird Genitalchirurgie zu einer Art von Psychotherapie mit anderen Mitteln. Das Leid aufgrund sexueller Erlebniseinschränkung erscheint wegschneidbar. Der körperliche Eingriff wird zum Hebel einer psychischen Wandlung, die zu Wohlbefinden und Lust führen soll. In der Tat bestätigen kosmetisch Operierte weitgehend, dass sie sich hinterher schöner, sexier, einfach besser fühlen. Soweit die gute Nachricht.

Die schlechte: Im Rücken der fragwürdigen sexuellen Optimierung durch schönheitschirurgische Eingriffe schleicht sich eine Zwangsverpflichtung zu (vorrangig einer bestimmten Art von) Sex ein. Jetzt, wo Lust so einfach herbeizuoperieren ist, muss sich eine jede, die beim Beischlaf noch nicht orgiastisch brüllt, fragen (lassen), was mit ihr los ist und warum sie nichts dagegen tut. Die neue sexuelle Norm trifft auf die alte weibliche Verunsicherung. Frauen dürfen und sollen nun nicht nur geil sein und Lust empfinden, sie müssen es auch. Vermittels der Genitalchirurgie verbreitet sich eine neue, nie da gewesene Form von weiblicher Körperkontrolle: Nicht mehr die Gebärfähigkeit wird kontrolliert, sondern die Lustfähigkeit. Der weibliche Orgasmus, für seine Eigenwilligkeit bekannt, wird ähnlich verfügbar wie der männliche.

Wenn die Lust noch klemmt, ist nicht mehr die Frau frigide, sondern ihr Körper defizitär. Erst durch dessen einschneidende Veränderung kann sie einen Orgasmus erreichen, zu dem sie im naturbelassenen Zustand offenbar nicht (oder nicht immer) kommt, nur weil sie entspannte und lustvolle Empfindungen mit sich und anderen genießt. Wenn sie nicht kommt, lastet es mehr denn je auf ihr, denn weibliches sexuelles Erleben ist inzwischen ja machbar. Du hast deinen Orgasmus in der Hand – wenn auch der des Genitalchirurgen. Du kommst unter Garantie – und zwar zuallererst unters Messer. Wie gut du dich fühlst! Denn du hast dir dein sexuelles Erleben selbst gekauft – ebenso wie dein gebleechtes Lächeln, den flachen Bauch und die neuen Brustkissen. Womöglich war deine Orgasmusfähigkeit auch noch ein Groupon-Schnäppchen?

So steigert das ganzkörperliche, speziell das genitale Nachbessern in dreifacher Weise das Selbstbild: Indem man aktiv tätig wird, um den eigenen Leib individuell zu optimieren und das sexuelle Lusterleben zu heben, zu straffen, zu piercen, genießt man ein berauschendes Gefühl von Selbstbestimmung – auch wenn sie sich bei näherem Betrachten als Akt schierer Angleichung an kulturelle Normen und Vorgaben herausstellt. Da man sich unter Einsatz aller Kräfte, Finanzen und sogar unter Schmerzen bemüht, sich den aktuellen kulturellen Körperidealen anzupassen und mit den Moden der Ästhetik Schritt zu halten, wird dieser Akt der Anpassung jedoch leicht mit Freiwilligkeit verwechselt. Das führt auch in interkultureller Hinsicht zu ideologisch schiefen Relationen: Im Gegensatz zu den armen ungebildeten ausgebeuteten Frauen Afrikas, die im brackigen Kielwasser dunkelster Traditionen zu armen Opfern hässlichster Genitalverstümmelungen gemacht und ihrer Leibeslust beraubt werden ... leisten sich die Frauen des reichen Westens mit den neuesten hygienischen Medizintechniken selbstbestimmt die immergleichen individuellen hübschen pornogeilen Mädchenmuschis. Oder wie?

7. Lustwüsten

»Weibliche Genitalverstümmelung wie auch kosmetische (Genital-)Chirurgie sind Phänomene, die zu gleicher Zeit in einer sich globalisierenden Welt stattfinden, also aktuelle, konkrete Wirklichkeit für viele Mädchen und Frauen sind (...). Davon ausgehend, dass vermutlich beide Praktiken in ihrem soziokulturellen Kontext Normalität schaffen, zeigt sich, dass in beiden Fällen Frauen erst dann ›glücklich‹ oder ›normal‹ sind, wenn die jeweilige Praktik durchgeführt wurde.« (Daniela Dorneles de Andrade, Elena Jirovsky & Sara Paloni)[12]

Die Genitalien von Frauen werden weltweit in verschiedenster Weise manipuliert. Das aktuelle westliche Schönheitsideal der enthaarten, begradigten Puppenvulva mitsamt artig geschlossenen Lolitalippen und Designervagina hat seinen Siegeszug längst über Europa und Amerika hinaus ausgedehnt. Es ist wohl nicht wagemutig, zu behaupten, dass es längst auch Asien – das modebewusste Japan – oder südamerikanische Länder wie Brasilien oder Argentinien erreicht hat. Der steigende Trend zu genereller Leibesverschönerung ist für Asien und Lateinamerika jedenfalls belegbar: Mehr und mehr Menschen kaufen dort Schönheitsprodukte. Die Jahresumsätze von Firmen wie L'Oréal für 2011 bestätigen dies.

Aber nicht nur Schönheitsideale und ihre technischen Machbarkeiten, auch die Operationswilligen selbst wandern zur chirurgischen Verschönerung in die billigere Ferne. In

Thailand und Indien werden große Schönheitskliniken betrieben, die auch und gerade von Westtouristen aufgesucht werden. Die größte Südostasiens liegt in Bangkok und wird von einem Amerikaner geleitet, das Personal ist teilweise im Westen ausgebildet. Es wird wohl nur eine Frage der Zeit sein, wann in derartigen Kliniken in merklichem Anteil auch Genitaloperationen erfolgen.

Die westlichen Schönheitsbilder breiten sich normierend über den Globus aus und eröffnen gigantische Absatzmärkte – nicht zuletzt für gesundheitsschädigende Hautbleichungsmittel, Haarglätter und Aufheller aller Art. Ein immenses Feld für chirurgische Verwestlichung tut sich auf.

Mit der Migration aus Afrika und Asien wandern andererseits Riten der Genitalbeschneidung in westliche Länder ein.[13] In Europa, den USA und Kanada, in Australien und Neuseeland leben immer mehr Einwanderinnen mit Genitalbeschneidungen. 80 Prozent der aus Eritrea, Äthiopien, Jemen und Somalia stammenden Frauen, die nach Großbritannien einwanderten, waren einer britischen Studie zufolge beschnitten.

Die gesundheitlichen, psychischen und sozialen Folgen der verschiedenen Formen von Genitalbeschneidungen sind immens, werden aber von den Betroffenen oftmals als ein unvermeidliches Übel hingenommen. Die Frauen leiden an chronischen Harnwegsentzündungen, Harn- und Stuhlinkontinenz, Unterleibsentzündungen, Nierenproblemen und vielem mehr. Sie haben oft starke Schmerzen beim Geschlechtsverkehr und Probleme bei der Menstruation, die aufgrund der künstlich herbeigeführten Verengung zu Blutstau führt. Es kommt zu Unfruchtbarkeit einerseits oder zu komplizierten Geburten andererseits, nach denen die Frauen zudem erneut verschlossen werden. Zum körperlichen Leid kommt das Trauma, das aus dem Beschneidungserlebnis herrührt, bei dem es traditionell zudem oft verboten ist, dem empfundenen Schmerz Ausdruck zu verleihen.

Wir finden all das mit Recht schrecklich und sind fassungslos angesichts der Tatsache, dass sich viele der beschnittenen Frauen nach wie vor die Beschneidung auch ihrer Töchter wünschen und sie in der festen Überzeugung durchführen lassen, ihnen damit eine glückliche Zukunft zu sichern. Nicht weniger gruselig erscheint mir aber, dass derartige rituelle Beschneidungen längst auch in Ländern wie Deutschland, England oder den Niederlanden operativ durchgeführt werden, so dass die Töchter häufig nicht in die Heimatländer zurückzukehren brauchen. In den Kreis der hierzulande alltäglichen Praktiken ist auch der religiös begründete, mit fragwürdigen Hygienevorstellungen verbrämte Ritus der Beschneidung muslimischer Jungen einzubeziehen, der ebenfalls für traumatische Erfahrungen sorgt.

Obwohl Genitalbeschneidungen in Deutschland unter den juristischen Tatbestand der Körperverletzung fallen, also strafbar sind, werden sie inzwischen mehr oder weniger offen durchgeführt oder doch zumindest operativ bewahrt: In Arztpraxen und Krankenhäusern werden genital beschnittene Frauen nach Geburten oder medizinischen Eingriffen auf Wunsch wieder »verschlossen«. Auch wenn dies mit Rücksicht auf das Selbstwertgefühl und die Körperidentität der Patientinnen geschieht, die ihren persönlichen Wert nicht zuletzt aus ihrer traditionsgemäßen Beschneidung ableiten und sich vor ihrem kulturellen Hintergrund eine Wiederherstellung des genitalen Verschlusses wünschen, bleibt der Tatsache Rechnung zu tragen, dass derartige Operationen, die einer körperlichen Unversehrtheit bzw. Heilung bestehender Einschränkungen diametral entgegenwirken, in westlichen Arztpraxen und Kliniken vorgenommen werden.

Von Genialbeschneidung sind nach Schätzungen der WHO weltweit bis zu 140 Millionen Frauen betroffen. Zwei bis drei Millionen Mädchen kommen pro Jahr neu hinzu. Hauptverbreitungsgebiete, in denen rituelle Beschneidungen vorgenommen werden, sind 28 Staaten im westlichen und nordöstlichen Afrika. Nahezu flächendeckend finden sich derartige Beschneidungspraktiken in Somalia, dem nördlichen Sudan, Sierra Leone und Djibouti, Ägypten, Guinea, Mali, Äthiopien und Eritrea. Außerhalb Afrikas ist die weibliche Genitalbeschneidung auch im Süden der arabischen Halbinsel sowie in einigen Teilen von Indien, Indonesien und Malaysia verbreitet. Die Beschneidungspraxen haben eine lange Tradition: Sie sind über 2000 Jahre alte Initiationsrituale, die als ein Symbol der Weiblichkeit wie auch der ethnischen Zugehörigkeit angesehen werden, und existieren heute quer durch alle Religionszugehörigkeiten, ohne dass hierfür ein religiöser Ursprung oder eine religiöse Rechtfertigung, etwa in der Bibel oder im Koran, zu finden wären. Auch der Prophet Mohammed äußert sich distanziert: »Wenn es sein muss, beschneide, aber zerstöre nicht! Es ist besser für die Frau und schöner für den Mann.«

Zur Rechtfertigung für Genitalbeschneidungen bei Frauen wurden und werden höchst absurde hygienische und gesundheitliche Aspekte geltend gemacht. Beispielsweise soll die Vagina »sauberer« bleiben, wenn die Klitoris entfernt wird. Eine fehlende Klitoris soll sich angeblich auch potenzsteigernd auf den Ehemann auswirken.

Einleuchtender sind wirtschaftliche Gründe, die den blutigen Brauch stützen und sogar für seine Ausdehnung sorgen: Zum einen steigert eine Genitalbeschneidung den Brautpreis; zum anderen sind die Beschneiderinnen von hohem sozialen Status – und sie verdienen gut an ihren Diensten.

Letztendlich liegt der Zweck der weiblichen Genitalbeschneidung in Sexualunterdrückung und Lustkontrolle der Frauen. So kommt es denn auch bei etlichen der Beschnittenen, wenngleich nicht bei allen, zu einem Verlust der Orgasmusfähigkeit. In einer ägyptischen Studie mit 651 Frauen (Karim/Ammar 1996) wurde festgestellt, dass sie zwar ihre Libido behalten hatten, aber ein – je nach Art und Ausmaß der Beschneidung – vermindertes Lustempfinden besaßen.

Die Ärztin Fana Asefaw[14] interviewte 31 Frauen in Eritrea und beinahe hundert in Deutschland lebende Migrantinnen, die aus anderen afrikanisch-arabischen Gesellschaften stammen. Sie spricht bewusst von genitaler Beschneidung, da sie im Begriff der Verstümmelung die Gefahr kultureller Arroganz sieht. Ihre Kritik dieser zutiefst frauenfeindlichen Praxen wird dadurch nicht geschmälert, im Gegenteil. Fana Asefaw soll nun das Wort erteilt werden, um auch diese Seite der weltweiten genitalen Manipulation an Frauenkörpern auszuleuchten.

Fana Asefaw

Beschnittene Migrantinnen und psychisches Leiden

Die beschnittenen Frauen, die in Deutschland leben, bringen – im Gegensatz zu den beschnittenen eritreischen Frauen – ihre psychischen Leiden unter anderem mit ihrer Beschneidung in Verbindung. Sie leiden in Bezug auf ihre Beschneidung subjektiv mehr als in ihren Ursprungsländern. Wie ist dieses Phänomen erklärbar?

Bei diesen Frauen ändert sich im Zuge der Migration die persönliche Haltung gegenüber ihrer Beschneidung (...): »Inzwischen habe ich eine ambivalente Haltung zu meiner Beschneidung entwickelt.« »Hier habe ich begriffen, dass es nicht normal ist, beschnitten zu sein.«

Die beschnittenen Frauen leben außerhalb ihres ursprünglichen gesellschaftlichen Umfeldes. (...) Die Sinn gebenden Faktoren der weiblichen Beschneidung, wie beispielsweise soziale Identität und gesellschaftliche Akzeptanz, fallen in der Migration für diese Frauen weg. Hierzulande führen ihre versehrten Genitalien eher zu Mitleid und Empörung – Reaktionen, durch die sich die Migrantinnen ausgegrenzt und sozial isoliert fühlen. Offensichtlich werden diese Frauen sich erst in der Migration ihrer tatsächlichen körperlichen »Versehrtheit« bewusst, was zu einer Kluft zwischen ihnen und der Mehrheitsgesellschaft führt.

(...)

Öffentlicher Diskurs und psychische Gewalt

Weibliche Genitalbeschneidung wird in Deutschland in einem völlig anderen Zusammenhang dargestellt und diskutiert als in den jeweiligen Ursprungskulturen. Hierbei kommt es zu einer Übertragung der kulturellen Werte und Vorstellungen der Wohlstandsgesellschaften, die mit den Sichtweisen in den betroffenen Gesellschaften nicht übereinstimmen. Im Rahmen der Aufklärungs- und Öffentlichkeitsarbeit in den industrialisierten Ländern wird häufig organzentriert debattiert, wie folgende Beispiele illustrieren:

Auf Plakaten wird das Bild eines schäbigen Messers gezeigt, und darunter steht zu lesen: »Wer jetzt ans Kartoffelschälen denkt, hat noch nie eine Frau schreien gehört, die in der Hochzeitsnacht von ihrem Ehemann aufgeschnitten wird.« Ein anderes Bild zeigt eine Rasierklinge im Großformat; darunter steht der Satz: »Wer jetzt ans Rasieren denkt, hat noch nie die Schreie einer Vierjährigen gehört, der die Schamlippen weggekratzt werden.«[15]

Durch solch plakative und voyeuristische Darstellungen werden die Betroffenen stigmatisiert und diskriminiert. Dem außen stehenden Leser bleiben nur Empörung und Unverständnis. Im Mittelpunkt stehen Bilder und Slogans, die gezielt die Emotionen der Betrachter ansprechen. Es handelt sich um das Wiederkäuen von Stereotypen und Dichotomien, die beschnittene Frauen als Opfer und die Männer als Täter darstellen. Fokussiert wird auf die Beschneidungspraxis an sich, die versehrten Genitalien und die schäbigen Instrumente. Die Hintergründe bleiben ausgeblendet. Damit wird die weibliche Beschneidung aus ihrem Kontext gerissen und so präsentiert, als finde sie im luftleeren Raum statt. Diese Sichtweise wird den Betroffenen nicht gerecht.

»Im öffentlichen Diskurs um das ›körperliche Anderssein‹ machen wir die beschnittenen Frauen wieder zu exotischen Fremden und setzen – sehr oft ungewollt – Mechanismen der Ab- und Ausgrenzung in Gang, die auch Aspekte von Voyeurismus, Sexismus und Rassismus enthalten. Eine Entwicklung, der die Ethnologie ja aus historischer Verantwortung besonders sensibel entgegensteuern müsste.«[16]

»Wir leiden hier immens unter der einseitigen und eurozentrischen Darstellung des Themas. Es ist viel komplexer.« (...)

Eine Studie von Dr. Lucrezia Cantania und ihrem Forschungsteam, die 2007 in Italien durchgeführt wurde, zeigt auf, dass nach Italien eingewanderte infibulierte[17] Frauen, die sich gesund fühlen, also keine schweren langfristigen Komplikationen in Zusammenhang mit ihrer Beschneidung erlitten haben, eine erfüllte und gute Beziehung leben und Sexualität genießen können. Auch die extreme Beschneidung (Infibulation) muss sich nicht zwingend negativ auf ihr psychosexuelles Erleben (Fantasien, Wünsche und Freude, die Fähigkeit, Orgasmus zu erleben) auswirken. Dass diese Frauen Sex genießen können, ist für Europäer ein Rätsel. Menschliche Sexualität ist jedoch abhängig von einem komplexen Zusammenspiel geistiger Prozesse und neurophysiologischer sowie biochemischer Mechanismen. Bemerkenswert ist, dass die jüngere Generation, die zwar in Italien aufgewachsen ist, jedoch in den Herkunftsländern der Eltern geboren wurde, weniger sexuelle Erfüllung erfährt und bei ihr die Orgasmusfähigkeit weniger ausgeprägt ist. Dies führen die ForscherInnen darauf zurück, dass diese junge Frauen in ihren Heimatländern mit ihrer Beschneidung positive Werte verbanden, sie soziale Akzeptanz fanden und dachten, dass ihre Beschneidung Schönheit und Mut bezeugt. In der Migration hingegen wurde dies alles hinfällig. Nunmehr wurden sie als Opfer familiärer Gewalt und Barbarei hingestellt. Was sie für schön gehalten hatten, war plötzlich hässlich. Die damit einhergehende soziale Stigmatisierung und die Nachrichten aus den Medien über ihre »dauerhaft zerstörte« Sexualität rufen negative Erwartungen hervor über die Möglichkeit, sexuelle Lust zu erleben, und provozieren eine negative Wahrnehmung des eigenen Körpers.

Dies alles führt bei der jungen Generation zu einer Verzerrung der bisherigen Weltsicht und zu einer Art »mentalen« Infibulation, was eine iatrogene (also von außen zugefügte) sexuelle Funktionsstörung bewirken kann.[18]

Daher helfen die »gut gemeinten« Sensibilisierungs- und Aufklärungskampagnen in den Industrienationen den betroffenen Migrantinnen und ihren Familien wenig, sondern fügen ihnen im Gegenteil unbeabsichtigt eine andere Form von Beschneidung zu, die sie geistig schwer traumatisieren kann. Die Betroffenen wünschen sich einen ehrlichen Austausch auf Augenhöhe – vorurteilsfrei und respektvoll.

Für die Betroffenen in der Migration ist es von großer Bedeutung, dass bei der Auseinandersetzung mit der weiblichen Beschneidung die komplexen Hintergründe berücksichtigt werden. Hilfreich wären darüber hinaus Beratungsstellen, in denen Betroffene in verschiedenen Belangen um Rat fragen könnten. Wichtig wäre hierbei allerdings, dass Frauen mit demselben kulturellen Hintergrund als Beraterinnen fungieren. Andernfalls könnten die kulturellen Barrieren die Betroffenen hindern, von diesem Angebot Gebrauch zu machen.

Kosmetische Operationen an weiblichen Genitalien in Europa und den USA

Laut Fachliteratur[19] wurde die Klitoridektomie [Beschneidung der Klitoris, U.H.] bis etwa Anfang des 19. Jahrhunderts in den USA an Patientinnen von Nervenheilanstalten durchgeführt, um Masturbation und weibliche Verhaltensabweichungen zu unterbinden. In den USA boomten im letzten Drittel des 20. Jahrhunderts genitale Operationen an Frauen, die an »Frigidität« litten. In diesem Zusammenhang wurde die Entfernung der Klitorisvorhaut als Methode zur Behandlung der Frigidität empfohlen. Diese Operationen wurden bis in die 80er-Jahre durchgeführt und ihre Kosten sogar von den Krankenkassen übernommen.[20]

Klitoridektomie, die Infibulation der Schamlippen und die Kauterisation[21] der Klitoris und der Schamlippen wurden im 19. Jahrhundert auch im deutschsprachigen Raum praktiziert.[22]

Doch ist in der Gegenwart eine Zunahme der – kosmetischen – Genitalchirurgie in Europa zu verzeichnen (…). Hierzu schreibt der britische Sexualwissenschaftler R.M. Conroy: »Nirgendwo in der Welt nehmen die Genitalverstümmelungen so zu wie in den sogenannten entwickelten Gesellschaften.«[23]

Während wir weibliche Genitalbeschneidung in Afrika als eine Form der Unterdrückung des weiblichen Individuums brandmarken, ist Beschneidung an den Genitalien bei uns Ausdruck der Selbstverwirklichung! Die äußeren Ergebnisse sind sehr ähnlich – die Motive unterschiedlich. Somit wäre es an der Zeit, in die zunehmenden Diskussionen über weibliche Genitalbeschneidung der afrikanischen Frauen und ihrer Töchter die Geschichte der Genitalbeschneidung bzw. die immer noch stattfindenden kosmetischen Operationen an den weiblichen Genitalien in den Wohlstandsländern einzubeziehen. Vielleicht würde dadurch die verzerrte Darstellung der Genitalbeschneidung als Phänomen der vermeintlich »fremden und primitiven« afrikanischen Völker hinterfragt. Vermutlich würde diese Art der Darstellung den Menschen in Europa und den USA helfen, sich etwas von dem emotionalen Thema zu distanzieren. Ein kritisches Reflektieren der eigenen kulturellen Voraussetzungen könnte einen Austausch mit den betroffenen Migrantinnen auf Augenhöhe deutlich erleichtern. Damit würde man auch der Prävention in der Migration ein Stück näher kommen. Wenn die Betroffenen selbst und Menschen aus deren Kulturkreis weibliche Beschneidung aus Überzeugung ablehnen, können sie ihre eigene Gesellschaft erreichen und Katalysatoren sein.

Daher sollten die öffentlichen Debatten eine objektive und informative Aufklärungs- und Öffentlichkeitsarbeit anstreben, die dem facettenreichen Thema gerecht wird und die

Betroffenen, die unter uns leben, erreicht, statt sie zu diskriminieren. Eine kritische Auseinandersetzung mit den Medien und ein Dialog mit den Betroffenen sind angebracht. Dafür müssten Berührungsängste und kulturelle Barrieren überwunden werden.

Kulturelle Barrieren – ein Hindernis bei der medizinischen Betreuung

Mit dem deutschen Gesundheitssystem machen die beschnittenen Frauen überwiegend negative Erfahrungen (...). Insbesondere infibulierte Frauen sind von diesen Erfahrungen betroffen:

»Während der Geburt meiner Tochter im Krankenhaus wurden alle dazugerufen, um mich zu bestaunen.«

»Die emotionale Reaktion des medizinischen Personals und die nonverbale Abwertung, nur weil ich mich für eine medizinische Untersuchung nicht öffnen lassen wollte, haben mich sehr verletzt.«

»Aus ihrer westlichen Perspektive heraus denken sie, dass mit einem Öffnen (Deinfibulation) oder nicht erneutem Zunähen (Reinfibulation) alles in Ordnung gebracht ist. Sie begreifen nicht, dass es für uns ungewohnt ist, erstmalig einen Harnstrahl zu haben wie ein Mann oder offen zu sein. Sie müssen verstehen lernen, dass es hierbei um subjektives Empfinden geht; was für sie befremdlich ist, eine zugenähte Scheide, ist für uns normal. Auch sollte sich das medizinische Personal Kenntnisse der Hintergründe aneignen, was in unserer Kultur ›offen sein‹ bedeutet, mit welchen Werten, Mythen und Vorstellungen es zusammenhängt.«

Unkenntnis mit fatalen Folgen

Anfang der 90er-Jahre kam eine 30-jährige Patientin in der 40. Schwangerschaftswoche zur Geburt in eine Klinik im Norden Deutschlands. Sie berichtete: »Ich hatte bereits Wehen und die Fruchtblase war geplatzt.« Sie war infibuliert und hatte in Mogadischu im Krankenhaus vier Kinder zur Welt gebracht, nach ihrer Aussage ohne größere Komplikationen.

In der Klinik war eine klinische Untersuchung nicht möglich, da der Introitus (Scheideneingang) künstlich auf wenige Millimeter verengt war. Vor diesem Hintergrund wurde die Patientin vom Arzt gefragt: »Sind Sie am Genital operiert?« Die Frau verneinte. Ein wenig später fragte ein anderer Arzt: »Sind sie genital verstümmelt?« Die Patientin verneinte wieder. Sie berichtete: »Ich hätte mit ›ja‹ geantwortet, wenn die Ärzte gefragt hätten, ob ich beschnitten oder ›circumcised‹ bin.« Die kulturell bedingten Missverständnisse der Begriffe und der inadäquate Umgang des medizinischen Personals mit der Patientin führten zu langem Abwarten und verhinderten eine rechtzeitige Deinfibulation, wodurch die Patientin schwerste Komplikationen erlitt: Einen spontanen Vulvariss, einen schweren Blutverlust mit der Notwendigkeit einer Bluttransfusion, eine Sepsis aufgrund von Komplikationen im weiteren Verlauf und die Notwendigkeit, ihre Gebärmutter zu entfernen. Das Kind erlitt Sauerstoffmangel, der eine Behinderung zur Folge hatte.

Eine 14-jährige unbeschnittene eritreische Jugendliche suchte das erste Mal eine gynäkologische Praxis in Nordrhein-Westfalen auf. Sie hatte keinen Termin, sie kam wegen starker Unterbauchschmerzen, ihre Menstruation hatte sie seit kurzem und noch unregelmäßig. Die Ärztin rief sie auf, führte sie in ihr Zimmer und sagte: »Sie kommen bestimmt aus Somalia, gestern habe ich eine grausame Genitalverstümmelung im Fernsehen gesehen, es war so barbarisch. Dort sollen über 90 Prozent der Frauen genital verstümmelt sein. Sie sind bestimmt auch verstümmelt.«

Das Mädchen berichtet mir, sie sei entsetzt über diese Ärztin gewesen, die ihr eine andere kulturelle Herkunft sowie eine Verstümmelung zugeschrieben habe. Sie habe das Untersuchungszimmer ohne ein weiteres Wort und unbehandelt verlassen.

Wie die oben beschriebenen Beispiele zeigen, werden die beschnittenen Frauen mehrheitlich vom medizinischen Personal in Deutschland – im Gegensatz zu dem ihrer Ursprungsländer – aus Unwissenheit, mit mangelnder Sensibilität und fehlendem Verständnis behandelt. Dazu kommt die Unkenntnis des medizinischen Personals sowohl über die unterschiedlichen Beschneidungsformen als auch über die gesundheitlichen Folgen der Beschneidung.

Dies ist typisch auch für andere entwickelte Staaten, in denen die beschnittenen Migrantinnen leben. Eine Studie aus Schweden zeigt: Bei beschnittenen Migrantinnen ist die Gefahr, dass ihre Kinder um die Geburt herum sterben, im Vergleich zur schwedischen Kontrollgruppe erhöht.[24] Hierfür wird jedoch nicht die Infibulationsnarbe verantwortlich gemacht, sondern mangelnde interkulturelle Kommunikation. Einerseits fehlen die Kenntnisse im richtigen Umgang mit den Betroffenen, insbesondere während der Geburt, andererseits lehnen die infibulierten Frauen oft eine Schnittentbindung ab, die dem medizinischen Personal indiziert erscheint. Des Weiteren kommt es häufig zu Missinterpretationen des CTG (Cardiotokographie)[25] und sprachlichen Missverständnissen zwischen den betroffenen Frauen und dem medizinischen Personal.[26]

In Norwegen ist die Situation ähnlich. Bei einer Umfrage gab das medizinische Personal an, dass die weibliche Genitalbeschneidung in der Geburtshilfe keine besondere Rolle spielen würde. Dennoch zeigte sich, dass Frauen nicht rechtzeitig deinfibuliert und stattdessen Schnittentbindungen durchgeführt wurden. Dementsprechend gaben die infibulierten somalischen Frauen an, große Furcht vor einer Schnittentbindung zu haben, weil sie besorgt seien, während der Geburt keine adäquate Betreuung zu erhalten. Schlussfolgernd stellt diese Studie die Hypothese auf, dass das Ignorieren der weiblichen Beschneidung sich nachteilig auf die betroffenen Migrantinnen auswirkt, indem die Schwangeren nicht normal gebären können, sondern es zu unnötigen Schnittentbindungen, einer Verlängerung der Austreibungsperiode und einem niedrigen Apgar Score kommen würde. Es wird empfohlen, infibulierte Frauen sorgsam auf die Geburt vorzubereiten, was eine adäquate und rechtzeitige Deinfibulation unter örtlicher Betäubung sowie die Gabe von Schmerzmitteln beinhaltet.[27]

Eine australische Studie besagt, dass es bei den beschnittenen Frauen in Australien nicht häufiger zu Schnittentbindungen komme als in ihren Heimatländern. Jedoch benötigten diese Frauen aufgrund der damit verbundenen sozialen und psychosexuellen Probleme einen einfühlsamen Umgang.[28] Auch eine Studie aus der Schweiz zeigt auf, dass das medizinische Personal sehr wenig über beschnittene Frauen weiß und es dadurch zu kulturellen Missverständnissen mit schwerwiegenden Folgen für die Betroffenen kommt.[29]

Aus diesen Studien und den angeführten Beispielen lässt sich schließen, dass die negativen Erfahrungen der Patientinnen mit dem Gesundheitssystem in den Wohlstandsgesellschaften oftmals im inadäquaten Umgang mit Migrantinnen begründet liegen, etwa in den überwiegend emotionalen Reaktionen auf den ungewohnten Anblick und die Zurschaustellung der Patientinnen vor den KollegenInnen. Die Betroffenen verdienen Respekt und Einfühlungsvermögen. Fragen des medizinischen Personals zu gesundheitlichen Komplikationen und zu den Hintergründen könnten dazu beitragen, dass sich Migrantinnen in einer solchen Situation wohler fühlen.

Die beschnittenen Frauen sind häufig Opfer von Fehldiagnosen und werden deshalb zu verschiedenen FachärztInnen überwiesen. Das trägt zur erneuten Traumatisierung bei. Insbesondere infibulierte Frauen sind während Schwangerschaft und Geburt aufgrund ihrer Situation gefährdet. Deshalb benötigen gerade sie eine besonders kompetente und einfühlsame medizinische Betreuung. Eine rechtzeitige Deinfibulation ist für diese Frauen absolut notwendig, diese kann auch in Lokalanästhesie durchgeführt werden.

(...)

Für viele geburtshilflich-gynäkologische Kliniken in Deutschland ist es eine ungelöste Frage, ob man eine infibulierte Frau, die man für die vaginale Geburt deinfibuliert hat, auf ihren Wunsch hin reinfibulieren darf. Eine aktuelle Stellungnahme der Bundesärztekammer 2006 gibt Richtlinien für den Umgang mit den beschnittenen Frauen: Aus medizinischen Gründen kann eine Deinfibulation indiziert sein, beispielsweise zur vaginalen Geburt oder vor dem Hintergrund wiederkehrender Infektionen, Einschlusszysten, Schwierigkeiten beim Wasserlassen oder auf Wunsch der Patientin. Betont wird die Notwendigkeit, mit der betroffenen Frau frühzeitig ein ausführliches Gespräch zu führen und kultursensibel zu reagieren.

»Beispielsweise könnten bereits in der Schwangerschaft die eventuell nötige Deinfibulation und die anschließende Wundversorgung erörtert werden. Ziel des Gesprächs mit der Patientin sollte sein, dass die Wundversorgung so durchgeführt wird, dass nicht erneut gesundheitliche Komplikationen (...) eintreten können. Verlangt jedoch die Patientin nach einer ausführlichen Aufklärung eine erneute Verengung des Introitus, muss die Behandlung abgelehnt werden.«[30]

Kritisch zu hinterfragen wäre, warum einer erwachsenen afrikanischen Frau, die die Wiederherstellung ihres ursprünglichen Zustandes – im Kontext ihrer kulturellen Vorstellungen – wünscht, eine solche nicht gewährt wird. Zugleich liegen aber Operationen aus ästhetischen oder anderen nicht medizinischen Gründen wie Schamhügel- oder Schamlippenverkleinerung oder Scheidenverengung(!) in den Wohlstandsgesellschaften und auch in der deutschen Gesellschaft im Trend. – Sind diese Operationen denn nicht gesundheitsschädlich?

Handelt es sich hier um den Ausdruck einer westlichen Doppelmoral oder einfach um die mangelnde Bereitschaft oder Notwendigkeit zur Reflexion des eigenen kulturellen Standpunktes? Ich will hier nicht Reinfibulationen von Migrantinnen verteidigen, sondern den Blick für den eigenen kulturellen Standort schärfen.

Bislang ist noch nicht hinreichend bedacht worden, wie ein Arzt oder Therapeut mit den seelischen oder psychosomatischen Leiden einer Frau umgehen soll, die eine Reinfibulation fordert und mit ihrem ungewohnten »Offenensein« nicht zurechtkommt. Daher wäre es für die Betroffenen hilfreich, wenn dem Therapeuten die komplexen Hintergründe bekannt wären. Dies würde die Interaktion mit den Betroffenen erleichtern und den beschnittenen Frauen zusätzliche Stigmatisierungen ersparen.

8. Hymenkult

»Die Untersuchung der Jungfräulichkeit ist unsachlich und empörend, weil angenommen wird, sie könne bestimmte Zeichen von Jungfräulichkeit zu Tage fördern, wo doch die Ärzte und Philosophen der Universität von Padua in den letzten Jahren gründlich darüber disputiert haben und zu dem Ergebnis gekommen sind, dass es keine solchen Zeichen gibt.« (Elizabeth Catherine Weld, »Concerning the Proofs of Virginity« – im Jahre 1732)

»*Like a virgin – touched for the very first time.*« Bis es dann endlich soweit sein wird, brauchen mehr und mehr amerikanische Mädchen eine ordentliche Portion Geduld. Immerhin erklärt sich inzwischen jede achte junge Amerikanerin vertraglich dazu bereit, bis zum Eintritt in den heiligen Stand der Ehe Jungfrau zu bleiben. Die »Purity«-Bewegung boomt in den USA und macht als asexuelle Gegenrevolution von sich reden. Auch junge Männer können sich für »Purity« begeistern. Millionen von Fans folgen dem Vorbild der stets glücklich strahlenden Großfamilie Wilson aus Colorado, die als Vorreiter der Bewegung gilt. Inzwischen gibt es in 48 amerikanischen Staaten sogenannte Purity-Bälle, zu denen Väter mit ihren jungen Töchtern gehen, um feierlich vor einem Kreuz eine Art Jungfräulichkeitsvertrag zu unterschreiben. Der Vater verpflichtet sich darin, alles für die Erhaltung ihrer Jungfräulichkeit zu unternehmen, und die Tochter gelobt schriftlich, enthaltsam zu bleiben und »rein« in die Ehe zu gehen. Die jüngsten Keuschheitsanhängerinnen sind gerade einmal vier Jahre alt. Als Erinnerungsstütze an das Gelübde und zur Abwehr verführerischer Geister wird gern ein Reinheitsringlein getragen.

Alles das mag für Amerika nicht weiter überraschen, immerhin sind 25 Prozent der amerikanischen Bevölkerung evangelikale Christen, die sich eng an der Bibel orientieren, und 40 Prozent hängen gar dem Kreationismus an, glauben also, dass die Welt von Gott erschaffen wurde – genau so, wie es in der Heiligen Schrift steht. Enthaltsame Mädchen gibt es mit steigender Tendenz aber auch in Europa. Sie alle träumen davon, jeder sexuellen Betätigung zu entsagen, bis eines Tages der Traumprinz – respektive bei männlichen Jungfrauen die Prinzessin – vor der Tür steht und um die Hand anhält. So lange gilt: Küssen verboten!

Die Entstehung einer solchen Enthaltsamkeitsbewegung erscheint bis zu einem gewissen Grad verständlich vor dem Hintergrund eines gesellschaftlichen Alltags, in dem Kinder und Jugendliche mit sexuellen Konnotationen überschüttet, unter Druck gesetzt und stark verunsichert werden. Allerdings flüchten die Asexuellen nur ins andere Extrem und sind in ihrer ideologischen Verblendung mindestens so unerträglich wie das, wogegen sie sich wenden.

Zum Glück gilt, dass der Geist zwar willig sein mag, das Fleisch aber trotzdem gelegentlich gern schwach wird. Falls sich die ein oder andere Jungfrau vor der Zeit zu sexuellen Handlungen hinreißen lässt, fährt sie bei »Purity« übrigens nicht schnurstracks zur Hölle, sondern wird lediglich mit einem Downgrade bestraft: Sie ist ab da nur noch »Secundary virgin«, darf aber weiter auf dem Pfad der Tugend wandeln.

Weibliche Exjungfrauen, die von verbotenen Früchten genascht haben, sind auch vom körperlichen Standpunkt aus nicht mehr verloren: Eine spezielle Genitaloperation, die vermehrt auch in Deutschland angeboten wird, ist die Wiederherstellung des sogenannten Jungfernhäutchens – ein Eingriff, der einzig und allein dazu dient, eine körperliche Sollbruchstelle zu schaffen, an der das Gewebe bei nächster Gelegenheit reißen und bluten soll.

Häufig wird der Eingriff von muslimischen Frauen gewünscht, die nach wie vor dem Beweisdruck unterliegen, bei einer Hochzeit ihre bisherige »Unversehrtheit« durch frisches Blut demonstrieren zu müssen. Doch nun erwarten den muslimischen Mann nicht erst im islamischen Paradies ewige Jungfrauen …

Vermehrt nutzen auch nichtreligiöse Frauen die chirurgischen Chancen, nachträglich noch »unberührt« in die Ehe zu gehen. Manche mögen von kruden neokonservativen Vorstellungen getrieben werden, andere wiederum sind auf die sinnige Idee gekommen, sich frisch versiegelt als Geschenkpaket zu präsentieren, das nur Mr. Right auspacken darf, und legen sich dafür unters Messer …

Bei der Operation wird zirka sechs Wochen bis wenige Tage vor dem geplanten Beischlaf der Saum des Hymens zumeist mit einem Skalpell frisch aufgeraut und mit selbstauflösendem Nähgarn neu verschlossen.

Selten liegt die medizinische Unsinnigkeit einer Operation klarer auf der Hand als bei der Hymenrekonstruktion, die nicht Unversehrtheit zum Ziel hat, sondern den Körper im Gegenteil genau dafür präpariert, dass er verletzbar werden soll. Vor allem aber rekonstruiert die Operation nicht allein die entsprechende Hautpartie, sondern damit auch den Mythos, dass ein Hymen überhaupt merklich vorhanden ist und beim ersten Geschlechtsverkehr blutend weicht.

Dieser angebliche Jungfräulichkeitsbeweis, dessen Tauglichkeit längst widerlegt ist, hat bis heute seine Gültigkeit in islamischen, aber auch anderen Gesellschaften nicht verloren. Das Vorzeigen des blutverschmierten Bettlakens entscheidet in diesen Kulturen nach wie vor über Anerkennung oder Schmach, ja, über die Gültigkeit der Hochzeit. Die entsprechende Nacht mag man sich lieber nicht vorstellen. Der blutige Beweis hängt wie ein Damoklesschwert über dem Hochzeitsbett und schlafzimmertürnah postierte Mütter, Tanten und Schwiegermütter lassen wohl kaum eine entspannte Atmosphäre aufkommen. So droht vielen jungen Frauen als erstes eheliches Erlebnis eine durch Erwartungsdruck mehr oder weniger legitimierte Gewalterfahrung – mit entsprechend traumatischen Folgen.

Denn das Hymen »platzt« oder »reißt« beileibe nicht bei jedem »Ersten Mal«. Man kann nach neuesten Studien davon ausgehen, dass etwa die Hälfte der Frauen in der ersten Nacht nicht blutet – zumindest kommt es bei ihnen zu keiner Blutung, die auf ein Reißen des Hymens zurückzuführen wäre. Wir wollen hoffen, dass alle Bräute oder Brautbegleiterinnen für den Erstfall nach guter alter Frauensitte ein Fläschlein Hühnerblut bei sich führen, so dass der schließlich doch irgendwie fabrizierte Blutzoll nicht den penetranten Anstrengungen des frisch getrauten Gatten zugeschrieben werden muss.

Will man den teils verzweifelten Beiträgen im Internet glauben, verlassen sich viele Musliminnen offenbar nicht mehr allein auf Hühnerblut. In Internetforen wird jedenfalls panisch nach Operationsmöglichkeiten gefragt, die dem künftigen Gatten und der ganzen Familie sexuelle Unberührtheit eindrucksvoll vorgaukeln lassen.

Hymenrekonstruktion und Beschneidung

Die operative Hymenrekonstruktion steht in gewissem Zusammenhang mit der Genitalbeschneidung, was daherrührt, dass auch bei einer der gängigen Beschneidungsarten, der Infibulation, der Vaginaleingang verengt, oft sogar nahezu verschlossen wird. Dies geschieht jedoch durch ein Vernähen der Schamlippen und stellt einen wesentlich massiveren Eingriff dar als die Hymenrekonstruktion.

Fana Asefaw weist ausdrücklich auf weitere Verbindungen von beidem hin, die in der sozialen Kontrolle der Jungfräulichkeit bestehen:

»Beschnittenen Frauen wird Keuschheit bis zur Ehe zugeschrieben. Für die Mädchen bedeutet die Einhaltung dieser Normen bessere Heiratschancen, einen hohen Brautpreis,[31] Zukunftsperspektiven sowie soziale und gesellschaftliche Anerkennung. Symbolisch steht dies für die Ehre der ganzen Familie.

Was jedoch eine jungfräuliche Ehe ist, das definieren die Kulturen, in denen es die weibliche Genitalbeschneidung gibt, unterschiedlich: In einigen Gesellschaften, wie auch in Eritrea, wird Jungfräulichkeit mit einem intakten Hymen gleichgesetzt und in der Hochzeitsnacht mit einem Blutfleck auf dem Laken bewiesen. Im südlichen Somalia ist die Infibulation eng mit der weiblichen Sexualität und Reinheit verknüpft. Eine Frau kann im Anschluss an die Infibulation verheiratet werden. Mit einer intakten Infibulationsnarbe wird jede Frau zu einer »Jungfrau«, unabhängig von ihrer sexuellen Erfahrung und vom Umstand, wie oft und aus welchem Grund sie erneut infibuliert wurde. Wie die interviewten Beschneiderinnen in Eritrea sagten, könne die Infibulation auch dazu dienen, Jungfräulichkeit vorzutäuschen: Damit würden sie jungen Frauen, die vor ihrer Ehe sexuell aktiv waren, ihre Jungfräulichkeit zurückgeben. (...)

Eine 23-jährige infibulierte Frau lebte mit ihren Eltern im Exil im Sudan. 1999 kehrte sie mit ihrer Familie nach Eritrea zurück. Kurz darauf wollten die Eltern sie mit einem gut situierten Mann verheiraten. Weil sie jedoch keine Jungfrau mehr war, ließ sie ohne Wissen ihrer Familie ihre Infibulation erneuern, so dass sie als vermeintliche Jungfrau in die Ehe ging. Ihrem Ehemann blieb diese »Fälschung« verborgen, denn die Frau war so eng zugenäht, dass sie für Tage aus der Wunde blutete, wenn das Paar versuchte, den Geschlechtsverkehr zu vollziehen. Dadurch hatte die Frau eine gesicherte Zukunft, und die Ehre ihrer Familie war gerettet.

(...)

Die jungfräuliche Heirat soll ferner promiskuitives Verhalten verhindern und vor unehelichen Schwangerschaften schützen. Besonders der Infibulation wird nachgesagt, sie schütze vor Vergewaltigung. Gleichzeitig soll durch sie die Potenz des Mannes gesteigert werden, da der Scheideneingang künstlich verengt wird (wie bei einer Jungfrau). Allerdings haben die meisten der von mir interviewten Männer diese Vorstellung nicht bestätigt.«[32]

Mythenreparatur

Was da bis heute in vielen Kulturen eine derartige Rolle spielt, ist – dies sei noch einmal ausdrücklich betont – biologisch gar nicht vorhanden. Das »Körperteil«, das hier reißen soll, ist vor allem in der kulturellen Phantasie existent.

Es hat sich jedoch auch in unserem kulturellen Umfeld noch nicht flächendeckend herumgesprochen, dass ein »Jungfernhäutchen«, das die Vagina gewissermaßen verschließt wie die Folie das Nutellaglas, nicht oder biografisch doch nur sehr vorübergehend besteht: Das Hymen ist nur bis kurz vor der Geburt ein verschlossenes Häutchen. Bereits im Kindesalter bildet es sich zurück und wird zu einer Schleimhautfalte, einer Art von Saum, die von Mädchen zu Mädchen, von Frau zu Frau anatomisch äußerst verschieden aussehen kann. Es mag völlig fehlen, eher klein und nachgiebig geraten oder in seltenen Fällen auch stärker ausgeprägt sein. So unterschiedlich diese Schleimhautfalte ausfällt, so verschieden widerstandskräftig erweist sie sich. Manchem Hymen wird schon beim kindlichen Hüpfen oder beim Sport der Garaus gemacht, ohne dass seine Inhaberin davon etwas ahnt.

Das Jungfernhäutchen ist eine neuere Erfindung, die erst in der medizinischen Literatur des 16. und 17. Jahrhunderts verstärkt diskutiert wurde. Zwar wurde die Frage der Jungfräulichkeit als körperlicher Zustand auch bereits von Autoren der Antike behandelt, die bis ins 17. Jahrhundert hinein Einfluss behalten sollten, aber weder Hippokrates noch Aristoteles noch andere namhafte antike Autoren gingen von der Existenz eines Hymens als normale weibliche Körperausstattung aus. Blockierte Vaginalzugänge wurden allenfalls als ein medizinisches Problem behandelt. Bis ins 17. Jahrhundert hinein wurde das Hymen gelegentlich als eines der Zeichen für Jungfräulichkeit erwähnt, aber nicht als das einzige und vor allem nicht als zuverlässiges Merkmal. Ebenso wurden auch Schamhaftigkeit, Erröten, das Niederschlagen der Augen und Furchtsamkeit als körperlicher Ausdruck von Jungfräulichkeit betrachtet. Die Religion legte bezüglich der Jungfräulichkeit ohnedies zusätzlichen Wert auf innere Reinheit und Keuschheit. Ein bedeutsamerer körperlicher Beweis als das Hymen wurde aber darin gesehen, ob eine Frau bei der Penetration blutete oder zumindest starke Schmerzen empfand, da man davon ausging, dass die engere, jungfräuliche Vagina beim Geschlechtsverkehr eher Verletzungen davontrug.

Wenn seither das Hymen zum Gradmesser für sexuelle Unberührtheit avancierte, zeigt sich darin die Erfolgsgeschichte eines Mythos – mit fatalen Folgen für Millionen von Frauen, deren Status, Ehre, körperliche Unversehrtheit, ja, deren Leben von der Interpretation einer Hautfalte abhängig gemacht wurde und bis heute davon abhängig ist. Dabei weist das Hymen auch bei »Jungfrauen« durchaus bereits Kerben und Furchen auf. In einem wissenschaftlichen Aufsatz aus dem Jahre 2004 wird ausdrücklich festgehalten, dass »Ärzte durch eine vaginale Untersuchung nicht feststellen können, ob eine Frau oder ein Kind Jungfrau ist.«[33]

9. Neue Frauenbewegungslust

»Ich weiß noch, als ich zum ersten Mal meine eigene Muschi im Spiegel gesehen habe. Da dachte ich mir, das ist so hässlich, das darfst du niemandem erzählen. Ich fand das ganz schockierend. Aber ich glaube, es hängt damit zusammen, dass es viel zu wenige Bilder gibt von Muschis. Es wird nicht so gezeigt und präsentiert in unserer Gesellschaft. Und das fände ich schon wichtig, dass man mehr Muschis sehen würde.« (Mimosa Pale)

Lässt man den Blick im Weitwinkel von Poledance-Stangen über Sextoys zu Designer-Vaginas schweifen, dann will man kaum glauben, dass all diese Neuheiten im Muschiland und seinen Anrainerstaaten letztlich auch aus der Neuen Frauenbewegung der 1970er und 80er Jahre erwuchsen, wenn auch teils als unbeabsichtigte Nebenwirkungen.

Führen wir uns den damaligen Zeitgeist vor Augen: Die Studentenbewegung hatte seit 1968 frischen Wind in die verstaubte Bundesrepublik gebracht, wo bis dahin noch so mancher altväterlicher Ungeist herrschte. Die Bewegung suchte nach radikalen neuen Wegen nicht nur in der Politik, sondern stand auch für sexuelle Befreiung; leidenschaftlich gestritten wurde über und für beides.

Was die neue politische und sexuelle Freiheit für Frauen mit sich brachte, stieß den Feministinnen allerdings bald sauer auf – und rief eine neue soziale Bewegung von historisch ungekannter Wirkungskraft auf den Plan: Die Neue Frauenbewegung (so genannt, da sie bereits an eine eigene feministische Geschichte anknüpfte) eroberte die Aufmerksamkeit der Öffentlichkeit und der Medien. In der Folge erstritt die Frauenbewegung einschneidende gesellschaftliche Veränderungen, eröffnete in nahezu allen gesellschaftlichen Bereichen eine frauenbezogene Sicht, schuf Arbeitsplätze, etablierte mit Frauen- und Geschlechterforschung neue wissenschaftliche Ansätze und bot ihren Anhängerinnen ein immenses persönliches Veränderung- und Entwicklungspotenzial.

Wo gehobelt wird, fallen Späne. Veränderungswillen macht auch Angst und erzeugt Abwehrreaktionen. Die Provokanz der Frauenbewegung und auch die rhetorische Dominanz einzelner Feministinnen wurden darum immer wieder gern mit billiger Häme überzogen. So manche Aktion aus frauenbewegten Zeiten mutet heutzutage durchaus auch den damaligen politischen Schwestern schrullig an, doch bei alledem ist eines zu sehen: Eine Bewegung, die Berge versetzen will, *ist* nun einmal eine massive Provokation und sie ist auch darauf angewiesen, massiv zu provozieren, zu überziehen, zu überzeichnen. Genau darin liegt ihr Erfolgsgeheimnis. Nur indem man nach den Sternen greift, ist Utopie in den Dunstkreis des Vorstellbaren zu rücken.

Berge versetzt hat die Frauenbewegung dann tatsächlich in vielerlei Hinsicht – in Institutionen, in der Sprache, am Arbeitsplatz, auf dem Buchmarkt, im Selbstwertgefühl und im Körperbewusstsein der Frauen. Sie hat nicht zuletzt Maßstäbe gesetzt, was deren Suche nach sexueller Selbstbestimmung und Lusterleben angeht. Anno 2012 erscheint mir dies ein durchaus bewahrenswertes Erbe.

Im Jahre 1987 befragte der »*Playboy*« 2000 Frauen zum Oralverkehr und bilanzierte: »Die Mutter unserer heutigen Eva mag Cunnilingus noch für eine irische Fluglinie gehalten haben – die Mädels von heute sind mit satten zwei Dritteln echt dafür, einen satten Kuss zwischen die Schenkel zu bekommen.« (4/87, S. 84)

Gerade die zunehmende Verbreitung und allgemeine Akzeptanz von Oralsex und vor allem von Cunnilingus, also dem Belecken weiblicher Genitalien, lässt sich auf emanzipatorische Bestrebungen zurückführen. Sexuelle Praxen jenseits des Vaginalverkehrs erhielten nicht zuletzt im Kielwasser der Frauenbewegung Auftrieb. Feministinnen waren es, die sich in den 1970er-Jahren in Selbstuntersuchungsgruppen neugierig mit der eigenen Anatomie vertraut machten, phallusfixierte Rammelspielchen als eingleisig verweigerten und darum schließlich in einer der großen Sexualdebatten jener Zeit den klitoralen gegen den vaginalen Orgasmus verteidigten. Die lesbischen Feministinnen waren, was das weibliche Lustempfinden angeht, ohnehin weit besser im Bilde als die Heteras, die damals nicht nur die Herrschaft der Schwänze in ihre Grenze wiesen, sondern zusätzlich ihre Last hatten, die ach so sexualbefreiten sozialistischen Eminenzen als linke Machos zu entlarven.

»Mein Bauch gehört mir«, lautete ein zentraler Slogan der Neuen Frauenbewegung, und er meinte weit mehr als das Recht auf Abtreibung, wie es im damaligen Kampf gegen den Verbotsparagraphen 218 gefordert wurde. Der Frau gehörte ihr Bauch nicht nur deshalb, weil niemand anderer als sie selbst über ihre Fortpflanzung zu bestimmen hatte, sondern auch, weil zwischen Sex und Kinderkriegen keine zwingende Verbindung mehr bestehen sollte. »Mein Bauch gehört mir« hieß in diesem Sinne: Und meine Lust auch.

Die Zeiten ähneln sich mehr, als man ahnt. Nicht erst heute sollen Frauen mehr als hübsch, nämlich auch sexy sein und sich entsprechend verführerisch aufbrezeln. In den frühen Siebzigern hieß das: Hot Pants – knappe Shorts – oder Minirock zu Plateaustiefeln. Schlauchförmige Pullover über spitztütigen BHs und handbreite Gürtel um schmal gehungerte Hüften. Schon seit den sechziger Jahren wurde auf diese Weise Sexuierung mit sexueller Befreiung verwechselt. Die Feministinnen waren es, die das als erste merkten. Und sich der Aufbrezelungspflicht entledigten. Wenn ihr Protest gern als lust- und männerfeindlich gebrandmarkt wurde, war das schon immer – bis zu einem gewissen Grad jedenfalls – eine Verzerrung. Es ging einfach vorrangig um: die körperliche Freiheit und Lust der Frauen.

Und diese Lust war ebenso wie die ganz und gar normale, natürliche körperliche Vielfalt von Frauen erst einmal zu entdecken hinter der eigenen Schamhaftigkeit, jenseits der Spitztüten-BHs, ohne den sexuellen Leistungsdruck der Genossen und in Abgrenzung von schmollenden Filmbarbies à la Marilyn Monroe und Brigitte Bardot. Es war schwer, zu einer kulturellen ›Natur‹ der Frau vorzudringen, die nicht mehr die alte Mär von den körperlichen Unzulänglichkeiten weitererzählte, sondern die Geschichte der Amazonen, der als Hexen diffamierten weisen Kräuterfrauen, der Hebammen, ja, der Göttinnen entdeckte und fortschrieb. Im feministischen Überschwang der historischen Ausgrabungen geriet manches zu groß, zu wichtig, zu sakral und zu wahr, aber eines war zurückgewonnen: die Würde der Frauen und ihres Körpers.

Auf dieser Basis ließen sich nun auch die eigenen Lustpotenziale ergründen und spielerisch erschließen – nicht nur das sagenumwobene Land Dildonia tat sich auf, es wurden auch Handgeräte für *Good Vibrations* entdeckt und Lustkugeln eingeschoben. Frauen entdeckten allerlei »Lustbringer für eindringliche Gefühle«, wie ein Liebesspielzeughandel es auf den Punkt bringt. Erstaunlicherweise fand selbst ein blauer Delfin in Muschiland breite Akeptanz.

»Mittlerweile steht er wahrscheinlich in der Vitrine neben den Sammeltassen. Die aktuellen Lieblinge liegen in der Spielzeugschatulle neben dem Bett oder trocknen auf dem Badewannenrand. Auf Sexpartys oder zu heißen Dates gehen die Damen mit ihrem *Baise-en-ville* (Beischlafköfferchen), in den sie ihre Tagespräferenzen nebst Safer-Sex-Utensilien einpacken«, schreibt Laura Méritt, deren »Sexclusivitäten« als einer der ersten Frauen-Sexshops an den Start ging und die bis heute auf Ware aus gesundheitsgeprüften Materialen und frauenfreundlichen Arbeitsverhältnissen achtet. Sie fährt fort:

»Was für eine rasante Entwicklung! Vor zwanzig Jahren war ›Sexclusivitäten‹ eine der wenigen Adressen, die Toys an die Frau brachte, heute sprießen sie überall in die Lust. Vor allem Online scheint jedes Hinterzimmer im abgelegensten Dorf zum *Toystore* zu mutieren, da sich herumgesprochen hat, dass Frauen kaufkräftig nachfragen. Auf der anderen Seite haben auch Großproduktionen und Konzerne jetzt eine ›weibliche Linie‹, die schön designt und in besserer Qualität daherkommt. Das ist zwar prima, macht aber aus dem kapitalistisch männlichen kein besseres Schweinesystem. Denn die Produkte sind immer noch teuer, beziehungsweise der Profit bleibt hoch, und sie werden in China unter entsprechend ausbeuterischen Bedingungen hergestellt.«[34]

Die technischen Hilfsmittel der Lust bilden zwischenzeitlich einen riesigen Markt: Im Angebot sind neben dem klassischen Repertoire allerlei G-Punkt-Stimulatoren, Auflagevibratoren, Klitorisvibratoren, Sextoys für Paare (auch mit Fernbedienung), Analspielzeug, fröhliche Vibrationseier und allerlei mehr ... sogar Gerätschaften, die im Rhythmus des Lieblingssongs vibrieren. Ob da noch Wünsche offen bleiben?

Vulva-Moden, Body Politics und Kunst

Auch erotische Dessous und Klamotten wurden im Kielwasser der Neuen Frauenbewegung mit provokant politischem Unterfutter versehen. Reyhan Şahin alias Lady Bitch Ray, die als Rapperin, Schauspielerin, Sprachwissenschaftlerin, Radiomoderatorin, stets aber auch als Tabuverletzerin auftritt, betreibt ihr eigenes Label *Vagina Style Records* und kämpft nach eigener Aussage für die Emanzipation der Frauen, vor allem für die türkisch-weibliche Emanzipation. Sie rappt gegen männlich-chauvinistische Barden wie Sido oder Bushido. Ihre selbstironische Bezeichnung als Bitch (Hündin, was als bislang frauenfeindlicher Begriff Miststück, Luder, Prostituierte meinte) versteht sie als einen Fortschritt, insofern Frauen durch einen positiven Bezug zu ihren eigenen pornografischen Dimensionen entwickeln und so ihrer eigenen Lust einen neuen, erweiterten Raum geben.

Bei ihren öffentlichen Auftritten zelebriert Reyhan Şahin ihren »Vagina Style« ganzkörperlich und trägt mit Vorliebe karnevaleske, dabei durchaus für Puff und Swingerclub taugliche »Vagina-Power-Fotzen-Kleider« – die genau genommen keine Vagina darstellen, sondern eher auf die Vulva anspielen, also Vulva-Kleider heißen könnten.

Die Bremer Deutschtürkin, Germanistin und Linguistin promovierte 2012 über »Die Bedeutung des muslimischen Kopftuches« und brach dabei eine Lanze für Kopftuchträgerinnen. Seither inszeniert sie sich als »rappende Sexbombe mit Doktortitel« und möchte »als Dr. Bitch Ray mit meiner Klitoris die Frauenbewegung vorantreiben«. Im April 2008 war Lady Bitch Ray Talkgast bei »Schmidt&Pocher« und überreichte als Gastgeschenk ein Döschen *self made* Vaginalsekret. Die Katholische Kirche wusste die popfeministische Note des Geschenks so wenig zu schätzen wie der verdatterte Oliver Pocher und reichte beim Rundfunkrat Beschwerde ein. Die wurde zwar abgelehnt, aber die betreffende Sendung aus Jugendschutzgründen auf keinem dritten Programm vor 22 Uhr wiederholt ...

Es gibt bewusst obszöne Selbstinszenierungen, die ein probates Mittel sind, politische Forderungen zu unterstreichen. So betreibt die feministische AgitProp-Gruppe FEMEN seit 2008 in der Ukraine mit enthülltem Busen oder anzüglichen Verkleidungen ihre inzwischen international beachteten »Body Politics« gegen Sextourismus und für Frauenrechte. In vielen Ländern verbreitet sind Slutwalks, städtische Demonstrationen, bei denen sich Frauen als »Schlampen« verkleiden, um auf den Asphaltpisten von Toronto, Frankfurt, Paris oder New Delhi mit dem Recht auf Bekleidungsfreiheit auch das Recht auf persönliche Unversehrtheit zu erstöckeln. Recht haben sie – wie auch immer eine Frau oder ein Mann sich be- oder entkleidet: Niemand hat das leiseste Recht auf Übergriffigkeit. So lautet die Antwort an alle Gleichgesinnten jenes Polizisten in Toronto, der Studentinnen präventiv empfahl, sich züchtiger zu kleiden, um nicht Opfer von Vergewaltigungen zu werden, und der mit dieser Empfehlung den ersten »Schlampenmarsch« ins Leben rief.

Die Respektlosigkeit gegenüber anders oder nicht Bekleideten wurde lange genug als Kavaliersdelikt heruntergespielt. »Leicht bekleidete« Frauen waren traditionell »selbst schuld« – an ihrer Anmache und an ihrer Vergewaltigung. Sie hatten es offensichtlich nicht anders gewollt und sogar herausgefordert. Mit diesem Denken muss Schluss sein – indem Frauen anziehen können, was immer sie wollen oder nicht. Und sei es fassungslos ordinär oder ganz und gar faserlos. Hierfür kämpft auch Reyhan Şahin, und hierfür gebührt ihr Anerkennung. Dennoch erlebe ich die Kunstfigur der Lady Bitch Ray in öffentlichen Auftritten eher als ein Bild innerer Spannungszustände denn das der von ihr angestrebten »vaginalen Selbstbestimmung«. Davon ab, scheint mir an vaginaler und auch sonstiger weiblicher Selbstbestimmung nicht viel gewonnen, wenn sich Postfeministinnen in erotisch aufgeplüschten Vulva-Dessous der (letztlich wohl doch) geifernden medialen Männerwelt vorführen. Die wird mit patriarchal verengtem Tunnelblick die strassblinkende rosaseidene Vagina-Power gar nicht von einem Playhäschen-Glitzerkostüm unterscheiden können und damit die ganze gehaltvolle Aussage verpatzen. Vielleicht sollten wir zwecks besserer Unterscheidbarkeit vom *Playboy bunny* zum »Vagina Style« neckische Schilder tragen: »Vaginal selbstbestimmter Keinohrhase!« …? Nein, meines Erachtens hilft da nicht mal eine applizierte Klitorispuschel.

Beobachterinnen wie die Soziologin Paula Villa vermögen in Lady Bitch Ray dagegen ein »erfolgreiches Beispiel für die Ermächtigung von Frauen« zu erkennen und befrachten den »Vagina Style« mit subkulturellen Hoffnungen. Ist es nicht so, dass in der provokanten »Power Vagina« der Popfeminismus eine neue Wirkungskraft entfaltet, die getreu der Devise »Provokation durch Schönheit« leichtfüßig an seine Vorkämpferinnen anschließen konnte? »Trotz all der Rückbesinnung auf eine neue Bürgerlichkeit und konservativen Feminismus in den letzten Jahren hat es jemand wie Lady Bitch Ray einfacher, sich als (nicht nur sexuell) provokative Künstlerin zu artikulieren und erfolgreich zu sein als noch vor 20 Jahren; denn sie beschreitet eine breite Straße der Selbstermächtigung, die andere Künstlerinnen gebaut haben«, schreibt die Musikerin Bernadette La Hengst 2008 und schildert die Anfänge: »Als die Riot Grrrl Bewegung in Hamburg ankam, traf uns alle der Schlag. So wie die Band L7 1990 im Hamburger Molotow rockten, hatte niemand zuvor gerockt: Tätowierte Frauen in zerrissenen Kleidern, Schweiß, Sex und selbstironisches Posing mit kreischenden E-Gitarren. Waohhh!«

In der Tat: Die Selbstinszenierung der 1981 geborenen Lady Bitch Ray erinnert an Annie Sprinkle, Jahrgang 1954, die sich selbst als »Post-Porno-Modernistin« bezeichnet. Sprinkle, die ebenfalls einen Doktortitel besitzt – in Sexualwissenschaft –, war Prostituierte und drehte seit den frühen siebziger Jahren Pornos. Anfang der Neunziger wurde sie als Künstlerin bekannt, als sie im Rahmen ihres »Public Cervix Announcements« in New York öffentliche Erkundungen ihrer Gebämutter mittels Spekulum und Taschenlampe zu inszenieren begann, um den »weiblichen Körper zu entmystifizieren«. Nach fünfzehnjähriger Pause führte sie diese Performance im Jahr 2008 erneut auf, und zwar im Düsseldorfer Museum Kunstpalast. Noch immer war die eigentliche Show weniger die Cervix selbst als das Zeigen derselben, aber bei aller Aufregung, die im Saal herrschte, war die Bereitschaft, Sprinkles Tun als Kunst jenseits von Voyeurismus zu sehen, ungleich höher als in früheren Jahrzehnten. Sprinkle selbst nahm durch ihre humorvolle, gelassene Art dem Publikum die Scheu und erläuterte, warum sie nach wie vor ihren Muttermund präsentiert: »Erstens ist die Cervix das Tor zum Leben, trotzdem haben die meisten Menschen ihr Leben lang keine Gelegenheit sie zu sehen, und ich möchte Ihnen diese Möglichkeit geben. Zweitens macht es Spaß, meine Cervix zu zeigen. Und drittens will ich beweisen, dass es keine Zähne darin gibt.« (Zit. n. Sanyal, 181)

Annie Sprinkle befasste sich auch mit Tantra und entwickelte gemeinsam mit dem Theologen und Sexualforscher Joseph Kramer eine Form spiritueller erotischer Körperarbeit, die auch die Yoni-Massage umfasst, eine Massage des weiblichen Genitals. Seit 2007 ist sie mit Beth Stephens, einer Kunstprofessorin, verheiratet und lieferte eine durchaus eindrucksvolle Begründung dafür, warum sie schließlich lesbisch wurde: »Nach über 3000 Männern war es Zeit für einen Wechsel.«

Annie Sprinkle war nur eine von etlichen Künstlerinnen, die seit den siebziger Jahren mit einer Körperkunst provozierten, die in unbekannt offensiver Weise weibliche Sexualität und die dazu gehörigen Körperteile thematisierte. Die ersten Auftritte von Frauen wie Scarlet O oder Carol Leigh schockierten die Kunstszene. Die Ausstellung »*Deep Inside Porn Stars*« eines feministischen Künstlerinnenkollektivs, die 1984 in einer New Yorker Galerie stattfand, löste massive Proteste aus. Die Galerie wurde abgemahnt, Sponsorengelder zurückgezogen. Aber damit nicht genug, folgten sogar Morddrohungen, Handgreiflichkeiten und Gerichtsprozesse.

Auch die Berlinerin Laura Méritt war stark von amerikanischen »Sexpertinnen« wie Annie Sprinkle, Deborah Sundahl, Shine Louise Houston beeinflusst, nach deren Vorbild sie ein Frauen-Sex-Netzwerk in Deutschland aufbaute. Von Anfang an stand sie im Austausch mit amerikanischen Vorreiterinnen, die mit »Good Vibrations« oder »Eves Garden« ins Frauenland der Lüste lockten. Der gemeinsame Bezugspunkt lautete: Sex-positiver Feminismus. Die Bewegung war in den frühen 1980er Jahren in den USA als Antwort auf feministische Theoretikerinnen wie Catharine MacKinnon oder Andrea Dworkin entstanden, die in Pornografie einen zentralen Ausdruck der patriarchalen Unterdrückung der Frauen sahen. In Deutschland wurde die als »Feminist Sex Wars« apostrophierte Debatte ›sexpositiv versus antipornografisch‹ allerdings eher halbherzig geführt und auf die mediale Präsenz von Alices Schwarzers PorNO-Kampagne verengt.

Inzwischen besitzen junge Feministinnen eine größere Bereitschaft, Pornografie als Darstellung menschlicher Sexualität zu diskutieren und nicht auf Frauenausbeutung reduziert zu betrachten. Sie wollen dieses Feld nicht mehr allein den Männern überlassen, sondern halten eine feministische Pornografie für möglich – als lustvolle Bereicherung und Selbstentfaltung von Frauen. Vielerlei Workshops und Erotikfilmfestivals bieten den Interessentinnen Austausch und Plattformen.

Auch die Female Pop Art bot bereits Aktionskünstlerinnen wie Niki St. Phalle, die dank ihrer bunten, runden Nanafiguren einer breiteren Öffentlichkeit unvergessen geblieben ist. Einst legte sie den Besuchern einer Kunstausstellung »Hon« (Schwedisch für »Frau«) zu Füßen, eine 29 Meter lange Skulptur, die durch die Vagina betreten wurde und in deren Inneren eine Bar und ein Kino zu finden waren.

Judith Chicago überraschte die Kunstwelt Ende der siebziger Jahre damit, dass sie den großen Frauen der Weltgeschichte huldigte, indem sie sie symbolisch um einen großen, dreieckigen Dinnertisch versammelte und an jedem der 39 Sitzplätze nichts weniger als blumige Vulvenformen arrangierte – auf Porzellantellern. An ihrer »Dinner Party« schieden sich die Geister, das Kunstobjekt brach aber gewiss auch der befreienden Sicht auf die Vulva Bahn.

Die Österreicherin VALIE EXPORT – sie wünscht sich die Versalsetzung ihres Namens als feministische Kritik an patriarchal-kapitalistischen Zuschreibungspraktiken – zählt ebenfalls zur frühen feministisch sexpositiven Guerilla: Sie stellte ihre Brüste in einem Tapp- und Tastkino öffentlich als

»Werk zum Anfassen« aus und rollte ihren nackten Körper über Glasscherben.

Als früheste und kreativste Spielerin mit dem Schönheitsoperationswahn kann gewiss die 1947 geborene französische Body Art-Künstlerin Orlan gelten, die von sich behauptet, ihren Körper der Kunst vermacht zu haben. Dabei reizt sie die Körperkunst bis zum Äußersten aus: Die Feministin kritisierte die gängigen Schönheitsideale und die Brutalität plastischer Chirurgie, indem sie sich 1990 einer Reihe von Operationen unterzog, an denen sie ihr Publikum teilnehmen ließ. Sich Stirnimplantate einsetzen zu lassen wurde auf diese Weise zur Performance und Orlan zur Ikone der Body Art.

Wie bizarr auch immer einzelne Aktionen solcher Künstlerinnen anmuten, sicher ist: Sie alle brachen und brechen Tabus, indem sie Nacktheit zum Arbeitsmittel erhoben und ihre weiblichen Körper offensiv zum Be-greifen ausstellten, zum Begaffen auslieferten. So schlugen sie den Sexismus und Voyeurismus mit dessen eigenen Mitteln, indem sie den Spieß umdrehten. »Ihr wollt Hysterie? Ich gebe euch Hysterie!«, schrie die Performerin Karen Finley ins Publikum und präsentierte ihren nackten Körper, mit Schokolade beschmiert. So protestierte sie gegen den Mord an einer Jugendlichen, der die Polizei unterstellte, sie habe sich selbst mit Exkrementen beschmiert und sei gewiss pervers gewesen.

Eine weit softere und interaktive Vulva-Perfomance der besonderen Art stellte die Künstlerin Mimosa Pale 2007 in Helsinki auf Räder: Ihr »Pussy Wagon«, wie die Leute die riesige Silikonskulptur schon bald nannten, ging jeden zweiten Tag auf Fahrt und wurde von der Künstlerin höchstpersönlich durch die Straßen gezogen. Passagiere konnten in der Skulptur Platz nehmen, die in ihrem mit Satin ausgeschlagenen Inneren genug Raum bot, dass sich ein erwachsener Mensch darin ausstrecken konnte. Von außen konnte das Gefährt in sanfte Schwingungen versetzt werden, wodurch man sich fühlen sollte wie dereinst im Mutterbauch …

Mimosa Pales Mitstreiterin »Vagina Lady« aus San Francisco stilisiert sich kurzerhand selbst von Kopf bis Fuß als Vulva: Sie zieht in einem schrillpinken plüschenen Ganzkörperkostüm die Blicke auf sich und lächelt breit unter ihrem Klitorishäubchen.

Nicht unerwähnt lassen möchte ich die Gruppe »Muschiballett«. Die drei Berlinerinnen, die unter diesem schönen Namen auftreten, verstehen darunter ein »diskursanalytisches Zirkeltraining durch patriarchale Kontinuitäten und Realitäten in Filmen, Familien, Kanonliteratur, Werbung, Musik etc. Spezielle Sport- und Denkübungen, denn Herrschaftsverhältnisse sind in den Körper eingeschrieben und allein durch intellektuelle Analyse nicht zu bearbeiten. *Muschiballett* passt in zwei Hackenporsche und wird ausgelöst durch das Starten des Soundtracks. Die Struktur ist da, alles auf die Sekunde getimt und wir sind Teil davon. Gisa, Gerdrun und Gudela sind seit 2009 Schwestern. In ihren prekär-politisch-performativen Selbsterfahrungen versuchen sie optimistisch zu bleiben, um irgendwann die Weltherrschaft an sich zu reißen. In ihrem bürgerlichen Leben arbeiten sie tagsüber als zertifizierte Performance-Coaches – und in der Nachtschicht bauen sie das Interieur für Veranstaltungen global operierender Großkonzerne auf.« (http://www.myspace.com/muschiballett)

Künstlerinnen wie diese provozier(t)en fraglos im Interesse einer größeren Freiheit für Frauen. Allerdings ist die Bereitschaft, sich auf ihre Botschaften einzulassen, wohl auf gewisse Szenen begrenzt: die der Kunst zunächst, die einer wohl meist städtischen Avantgarde, welche sich, ob Frauen oder Männer, der Performancekunst oder pornografischer Selbstentdeckung öffnen. Den in breiten Bevölkerungsschichten herrschenden Blick wird ein solches Wirken leider allenfalls verstören, nicht aber brechen können, weil er die patriarchale Sexuierung des Frauenkörpers zwar provokant bespielt, aber damit zugleich als Bühne voraussetzt – selbst wenn er sie dabei eigenmächtig auf die klitorale Spitze treibt.

Aber der Postfeminismus hat nicht nur hautnah vaginale

Blüten getrieben, er hat sich auch in allen erdenkbaren Formen und Farben verstofflicht, deren Anblick einfach nur Spaß macht. So gibt es: Hüte in Vulvaform, Vulvakissen, Vulvapuppen undundund... Die künstlerische Kreativität hat die Ent-deckung der Vulva vorangetrieben und die Entdeckung der Vulva hat umgekehrt einiges an künstlerischer Kreativität in Gang gebracht. Die Amerikanerin Dorrie Lane beispielsweise rief eine ›Vulva University‹ ins Leben, über deren Website unter anderem Vulva Puppets in Himmelblau und Rosa zu beziehen sind – genäht in einem eigens von Lane gegründeten Fair-Trade-Frauenprojekt in Peru.

Wahrlich auf die Spitze treibt es Laura Méritt mit dem köstlichen Vulvaangebot ihres Sexclusivitäten-Shops. Da tummeln sich liebevoll »Fötzchen« getaufte sogenannte »Muschi-Magnete«, des weiteren »Conchas«, die muscheligen Magnetmösen für den Kühlschrank, außerdem wollene Häkelmuschis, »Mösetten« zum Anstecken und weich gepolsterte »Mimösen«, handtellergroße Kisschen mit allem Drum und dran ...

Wenn solche wunderbar phantasievollen Accessoires für herzliches Gelächter sorgen, lacht die griechische Göttin Baubo sicherlich mit, denn auch sie entblößte einst frohgemut ihre Vulva als Symbol der Lebenskraft. Und nichts vertreibt besser die Angst als ein fröhliches Lachen!

Eva Heller

Feuer, bitte!

Ich durchsuchte die Küche nach Beispielen, an denen sich die gesamte Ausstattung einer Möse erklären lässt. Ein Mösensymbol. Noch ein Problem: Möse ist ein unseriöses Wort, und Vagina ist das falsche, weil es nur ein Teil davon ist. Das wahre Gegenstück zu einem Phallussymbol muss ein Vulva-Symbol sein. In den Schubladen des Küchenschranks viele Dinge. Ich fand eine Spritztüte für Schlagsahne – eindeutig ein Phallussymbol. Einen Korkenzieher, auch phallisch. Was ist eine Klebstofftube? Eher phallisch. In der nächsten Schublade ausgerechnet Kerzen, phallischer gehts nicht. Daneben ein Feuerzeug, sah aus wie ein platter Phallus. Entnervt von Phallussymbolen, zündete ich zur Beruhigung eine Kerze an, starrte auf die Flamme des Feuerzeugs, die wie ein Phallus hochschoss. Als die Flamme erlosch, sah ich es ...

»Liebe Männer, nehmen Sie ein Feuerzeug, ein gasgefülltes Einwegfeuerzeug. Sie dürfen sich vorstellen, die Flamme sei Ihr Penis. Nun betrachten Sie das Feuerzeug von oben – bitte ohne Flamme. Das Loch, aus dem die Flamme kommt, ist die Vagina. Sie, beziehungsweise das Flammenloch, ist integriert in eine halbovale Fassung, das sind die äußeren großen Schamlippen. Innerhalb dieser Fassung ist das Zündrad mit den beiden höheren Rädern: die sind die beiden kleinen inneren Schamlippen. Das Gaspedal vorn ist der Kitzler. Männer, merkt: Ohne Zündrad, ohne Gaspedal gibt es kein Feuer – keinen Orgasmus bei ihr. Nur das Gaspedal drücken reicht nicht, bringt zwar viel Erregung, die verpufft aber zu schnell. Damit die Funken wirklich sprühen, muss das Zündrad erregt werden, also die kleinen Schamlippen. Und zwar genauso wie beim Feuerzeug und in die gleiche Richtung: von vorn nach hinten, nicht seitlich hin und her. Und bitte nicht kitzeln, nicht stochern, sondern reiben. Der Druck, mit dem ein Feuerzeug angemacht wird, ist auch klitoral ideal, nicht zu soft, nicht zu brutal.

Am Feuerzeug lässt sich auch der Eingang zur Harnröhre lokalisieren, es ist der kleine Spalt zwischen Feuerloch und Zündrad. (Bei manchen Feuerzeugen ist vor oder unter dem Feuerloch noch ein größerer Schlitz, diese Öffnung gehört nicht mehr zum Areal der Vulva.)

Bei durchsichtigen Feuerzeugen können Sie sogar sehen, wo der G-Punkt ist. Im durchsichtigen Plastikbehälter sehen Sie einen Plastikschlauch, er entspricht dem hinteren Teil der Vagina. Daneben das viel kürzere Röhrchen, das den Zündstein enthält, das ist der innere Teil der Klitoris. Wie der Schlauch ist auch die Vagina biegsam (sie hat aber kein starres Gewinde wie das Feuerzeug), deshalb kann die Vagina an die Klitoris stoßen. Die Kontaktstelle von Vagina und Klitoris: Das ist der G-Punkt! Das ist die neueste Erkenntnis der Sexualforschung, dass der G-Punkt kein Reizareal der Vagina ist, sondern die innenliegende Seite der Klitoris stimuliert. Allerdings ist es beim Geschlechtsverkehr nicht in jeder Position möglich, dass Ihr Penis in der Vagina die Vagina Richtung Klitoris drückt. Betrachten Sie das Feuerzeug und finden Sie selbst heraus, welche Positionen geeignet sind. Auf jeden Fall werden Sie erkennen: Der Weg zu ihrem Orgasmus ist auch für den kürzesten Penis nicht zu weit.

Probieren Sie es aus. Und wenns nicht klappt, denken Sie daran: Viel einfacher und viel stärker stimulieren Sie die Klitoris von außen. Das klappt immer.«

Uff. War nun alles erklärt, wirklich männersicher? Nein, noch eine Anmerkung: »Allerdings ist eine Vulva größer als die Oberseite eines Feuerzeugs. Nur das Gaspedal hat in etwa die Originalgröße eines Kitzlers im Ruhezustand. Sie kann viel größer werden. Wieviel größer? Das müssen Sie mit eigenen Augen sehen.«

10. Kulturgeschichte

Da sprach Inanna Worte zu ihm, welche die Sänger in ihren Gesang webten. Sie sprach Worte, die allen, die sie hörten, vom Ohr zu den Lippen flossen, die von den Alten den Jungen weitererzählt wurden. Inanna sprach zu ihrem Geliebten: »Meine Vulva, das Füllhorn, schön wie der Mond, das Himmelsboot, ist voller Sehnsucht. Mein Schoß ist voll Begehren wie das falbe, ungepflügte Land. Ach, wer wird mir, Inanna, meine Vulva pflügen? Wer wird mein Hochfeld pflügen?«

Dumuzi antwortete: »Große Herrin, dein Diener wird deine Vulva pflügen. Ich, Dumuzi, werde deine Vulva pflügen!«

»Dann pflüge meine Vulva, Mann meines Herzens, pflüge meine Vulva!«
(Heide Göttner-Abendroth)

Im Mai 2009 wurde in Tübingen die älteste bislang bekannte Menschenfigur der Welt vorgestellt: ein nur sechs Zentimeter großes Venus-Figürchen, gestaltet vor rund 40.000 Jahren. Archäologen hatten die aus Elfenbein-Mammut geschnitzte Frauenfigurette einige Monate zuvor in einer Höhle bei Schelklingen im Alb-Donau-Kreis entdeckt. Der Fund erwies sich als Sensation: Die kleine Venus lieferte den völlig überraschenden Beweis dafür, dass sich schon die ersten modernen Menschen in Europa, ganz zu Beginn des sogenannten Aurignacien, mit figürlicher Kunst beschäftigt haben.

Die detailliert geschnitzte Figur besitzt einen kräftigen Leib, große Brüste und eine stark betonte Vulva. Die Beine sind dagegen nur angedeutet, und an der Stelle des Kopfes sitzt eine winzig kleine Öse, an der die Statuette wohl an einem Band um den Hals getragen wurde.

Bereits 1908 war die inzwischen berühmt gewordene »Venus von Willendorf« entdeckt worden, die ebenfalls stark betonte Brüste aufweist. In Statuetten mit derart auffällig ausgearbeiteten weiblichen Körperregionen werden heute zumeist Fruchtbarkeitssymbole gesehen – auch wenn damit noch nicht viel über die Art der Kulte gesagt werden kann. Möglicherweise stellen sie auch Göttinnensymbole dar, oder auch beides. Zumindest hebt ihre besondere Symbolik sie deutlich ab von Statuetten wie etwa der 1985 in Stratzing bei Krems in Niederösterreich gefundenen »Venus vom Galgenberg«, einer ca. 35.000 Jahre alten, 7,2 cm großen Schiefer-Skulptur, die eine realistisch proportionierte weibliche Gestalt darstellt. Ihr erhobener Kopf und die Haltung, die an einen Tanz erinnert, legen nach Christine Neugebauer-Maresch, der Ausgrabungsleiterin, die Vermutung nahe, in dieser Statuette eine Schamanin vor sich zu haben.

Darstellungen der Vulva begleiten die frühe Menschheitsgeschichte. Ob man in diesen Symbolen, der Matriarchatsforschung folgend, Zeichen alter matriarchaler Kulturen sehen kann oder nicht, Venusfiguren und Vulvasymbole stammen aus geschichtlichen Epochen, in der die Verehrung von Göttinnen und Fruchtbarkeitskulte fraglos in vielen Kulturen verbreitet waren. Zahllose Legenden erzählen von diesen Kulturen – und ihre Mythen weisen oftmals große Parallelen auf, denen die Matriarchatsforscherin Heide Göttner-Abendroth ausführlich nachgegangen ist.[35]

Die frühen Rituale entsprachen dem unmittelbar erfahrenen Rhythmus der Natur: dem Werden, Blühen und Vergehen und dem frühlingshaften Neubeginn dieser Lebensspirale der Fruchtbarkeit. Die Himmelsgöttin wurde dabei häufig als Dreifaltigkeit verehrt, wobei den drei Aspekten eine je eigene

Gestalt entsprach: Es gab Göttinnen der (Wieder-)Geburt und Jugend, Göttinnen der Reife und Paarung und Göttinnen des Alters und der Unterwelt. Ihnen allen waren göttliche Heroen zugeordnet, die sie durch den Kreislauf von Geburt – Hochzeit – Tod/Wiedergeburt begleiteten und die ebenfalls dessen einzelnen Aspekten entsprachen. Meist begleiteten Symboltiere die Bilder und Statuen der Göttinnen und unterstrichen dabei deren göttliche Macht. Eines dieser Symboltiere war der Steinbock – die von ihm begleitete Göttin wurde im Verlauf der christlich-abendländischen Geschichte zur Hexe und der Steinbock zum Teufel pervertiert.[36]

Die Gründe für die Unterwerfung bzw. Umdeutung der alten weiblichen Gottheiten sind in dem vor rund 6.000 Jahren erfolgenden Wandel der Lebensformen und dessen nachhaltigen Folgen zu suchen.[37] Mit der Ausbreitung patriarchaler Strukturen wurden die alten Mythen, die von Inanna, Isis und vielen Göttinnen oder Göttinnenaspekten erzählten, umgedeutet und in neue Mythen eingepasst, in denen sie mit oftmals spürbarer Sperrigkeit überlebten. Die Tempel und Kultstätten der Göttinnen wurden mit Ritualen überzogen, bei denen nun männliche Gottheiten wie Zeus die Himmelsherrschaft übernahmen – bis der Monotheismus auch die männliche Vielgötterei durch den einen Gott ersetzte. Aber selbst noch in den monotheistischen Religionen sind die Spuren der alten Göttinnen, ihrer Symbole und Kulttiere auszumachen. Und sogar die Kaaba in Mekka trägt das Symbol einer Vulva: das silberne Band, welches den schwarzen Meteoriten einfasst, versinnbildlicht dem arabischen Philosophen al-Kindi (805-875) zufolge die Vulva der Göttin Al'Uzza, die als Mondgöttin einen Aspekt der Göttin Al'Lat darstellt. Denn Al'Lat wurde in der Kaaba angebetet – die in vorislamischer Zeit ein Ort der Göttinnenverehrung war.[38]

In den Göttinnenmythen wird anschaulich von der Macht erzählt, die von der Vulva ausgeht. Die wohl beeindruckendste antike Überlieferung, im Homerischen Hymnus an Demeter wiedergegeben, erzählt die Geschichte jener griechischen Göttin. Demeter, die Göttin des Getreides und des Ackerbaus, trauert um ihre entführte Tochter Persephone. Verzweifelt irrt sie durchs Land, dessen Fruchtbarkeit zusammen mit ihr zu sterben droht. Die Menschen leiden Hunger, und selbst die Götter sind ratlos. Am Ende gelingt es Iambe/Baubo, Demeters Lebenskraft wiederzuerwecken, indem sie sie erst zum sich Freuen und dann zum Essen und Trinken bringt. Was entfachte in Demeter so viel Lebenslust? Iambe/Baubo entblößte vor ihr einfach – ihre Vulva!

Es ist kein Zufall, dass Baubo, diese Zauberin, im Olympischen Reigen eher eine Außenseiterin darstellte: Sie war eine Göttin der alten Welt, die in den griechischen Götterhimmel erst nachträglich eingebaut wurde als eine Art hässlicher, alter, fruchtbarer, obszöner Dämon. Iambe/Baubos Entblößung war denn auch Bestandteil bei den rituellen Demeterfeiern und anderen Mysterienkulten. Aristophanes berichtet von den Feiern im Demeter-Tempel, wo die befreiende Entblößung in einem rauschenden Fest nachempfunden und Gebäck in Vulvaform gereicht wurde. Die belebende Geste, die Vulva vorzuzeigen, richtete sich damit an Frauen – die ganz selbstverständlich die Bedeutung dessen erkannten, was sie da zu sehen bekamen und sich ihrer Geschlechtlichkeit bewusst waren. Das Blecken der Vulva richtete sich nicht an Männer und war schon gar kein obszöner Akt der Werbung.

Vom unverstellten Bewusstsein der Fruchtbarkeit und der Kraft der Vulva zeugen weltweit Überlieferungen und Mythen, darunter auch die der sumerischen Inanna, Göttin der Schönheit und der Fülle, die mit größter Selbstverständlichkeit die Pracht ihrer Vulva bewundert. Welche Macht von ihr ausging, entnehmen wir der höchst unterhaltsamen Geschichte von »Inanna und dem Gott der Weisheit«, die dieses Kapitel abschließen soll. Inannas Liebeslieder dürfen als Vorbild für das Hohe Lied der Bibel gegolten haben.

Frauen enthüllten ihre Vulva als Zeichen der Lebenskraft. Der Vulva wurde eine unhinterfragte Macht über die

Natur wie über die Menschen zugeschrieben. Ihr Anblick beruhige die See (so glaubte man in Katalonien) und die Stürme (Südindien), verjage Löwen (Nordafrika), mache Felder fruchtbar, vertreibe Bären (Russland) und schlage Dämonen in Bann (Japan).

Solange Menschen sich noch mehr oder weniger nackt in der Öffentlichkeit zeigten, mag der Anblick einer Vulva gewohnt gewesen sein. Das bedeutet aber nicht, dass in ihm keine Macht mehr lag. Bei manchen Völkern galt es sogar als anstößiger, Busen, Beine, Gesäß oder Gesicht zu entblößen als die Genitalien. Welche Leben spendende und schützende Aura der Vulva zugeschrieben wurde, wird vielleicht gerade daran deutlich, dass bis ins späte Mittelalter hinein an Stadttoren wie auch an Kirchen und Klöstern zur Abwehr von Bösem die Statuen nackter Frauen angebracht waren, die ihre Beine spreizten.

Bevor Christentum, Judentum und Islam der Welt Sexualvorschriften machten und schlussendlich das viktorianische Zeitalter, die preußische Blutleere und die amerikanische Prüderie den frauenfeindlichen Sexualtabus die Sahnehäubchen aufsetzten, war die Vulva also durchaus präsent, und zwar mehr als nur symbolisch. Vulven wurden nicht nur auf Bildern und an Statuen dargestellt, sondern die Frauen zeigten sich selbst vor. Auf den Salomonen-Inseln und im Gebiet des heutigen Benin war es üblich, dass sie mit dieser Geste der Selbstentblößung auch ihr Interesse an einem Mann und ihre Bereitschaft signalisierten. Noch im europäischen Mittelalter waren Frauen bei den Zeremonien und Bußprozessionen religiöser Sekten nackt.

Die christliche Kirche gab sich alle Mühe, die Vulva zu verteufeln. Und mithilfe der Inquisition und des »Hexenhammers«, dem Grundlagenwerk der Hexenverfolgungen, wurde argumentiert, dass die Frau sich als Trägerin einer Vulva grundlegend von Jesus unterscheide und von daher gar nicht in den Himmel kommen könne, sondern letztlich in die Hölle gehöre ... Die Vulva wurde als Teufelspforte verdammt, die Frau als Hexe, die die Unschuldigen mit ihrem Zauberwissen verlockt und verführt.

In Irland und Großbritannien, zuvor auch auf der iberischen Halbinsel und in Frankreich, ging man im 11. und 12. Jahrhundert recht praktisch vor: Man integrierte in die romanischen Kirchenfassaden alte steinerne Frauenfiguren, die mit einladender Geste ihre Vulva spreizen, sogenannte *Sheela-na-Gigs.* Sie sollten im Rückgriff auf die vorchristliche Tradition offenbar alles Verderben Bringende fernhalten – so wie an vielen Kirchen Europas auch allerlei gnomenhafte Wasserspeier *(Gargoyles)* der Abwehr des Bösen dienten. 140 solcher Sheelas sind noch erhalten, nahezu hundert davon in Irland. Nur wenige dieser Figuren finden sich an nichtsakralen Gebäuden.

Am meisten besticht wohl die Sheela an der Abteikirche von St. Radegonde im französischen Pointiers durch Detailliebe: Sie zeigt eine Nonne, die pralle Brüste und eine Vulva vorweist, an der sogar die Klitoris zu erkennen ist. Diese vollständigste Bebilderung des weiblichen Genitals ist in der älteren abendländischen Ikonografie einzigartig und übertrifft sogar die pornografische Druckgrafik späterer Jahrhunderte.[39] Übrigens erzählen noch Fabeln aus dem 18. Jahrhundert von Frauen, die Luzifer besiegen, indem sie ihm ihre Vulva zeigen. Der Glaube daran, dass das weibliche Geschlecht das Schlechte abhalten kann, blieb offenbar noch länger ungebrochen ...

Der Ursprung des Namens *Sheela-na-Gig* ist ungewiss; er stammt wohl aus dem Irischen und meint ursprünglich eine alte Frau *(Sighle)* oder Hexe *(Síle)*, die Brüste und Hinterteil entblößt. Es gibt aber auch die Theorie, der Name deute auf das weibliche Genitale oder auch auf Prostituierte hin.

Interessanterweise sind die meisten Sheelas in den von Anglo-Normannen im 12. und 13. Jahrhundert eroberten Gebieten Irlands zu finden. In den Gebieten, die in der Hand einheimischer Herrscher verblieben, fanden sich dagegen weit weniger solcher Figuren. Offenbar mussten die Neuankömmlinge etwas abwehren, das in ihrem Weltbild als bedrohlich erschien: Weibliche Lust, Gebärfähigkeit und Promiskuität, die in den vorchristlichen Kulturen mit ihren Fruchtbarkeitskult und Göttinnenverehrungen anerkannt waren.

Die Anbringung der Sheela-na-Gigs an Kirchen und ihre nach christlich-mittelalterlichen Normen als hässlich empfundene Körperlichkeit verweist darauf, dass die weibliche Lust nun als abscheulich und sündhaft abgewertet werden musste. Die kleinen Skulpturen sollten abschrecken. Als zweckentfremdete Zeugnisse eines vorchristlichen Fruchtbarkeitskultes belegen sie die Geschichte einer Unterwerfung. Die Steine wurden nachträglich in die neueren Kultstätten eingearbeitet: Forschungen erwiesen Unterschiede in den Materialien und im Stil der Sheelas und der sie tragenden Gebäude.

Nach altirischen Legenden erscheint jedem künftigen König eine hässliche, lüsterne Hexe, die ihn verführen will. Gelingt ihr das, verwandelt sie sich in eine schöne Frau, die ihm Erfolg bringt und seine Königsherrschaft segnet. Auch wenn die Sheelas mit eindeutiger Geste zum Beischlaf auffordern, scheinen sie vom irischen Klerus offenbar in ihrer überlieferten Mission ins Kirchenbild integriert worden zu sein, nämlich als Glücksbringerinnen und Schadensabwenderinnen. Darin liegt ein deutlicher Hinweis auf die alte Kraft der Vulva.

Heide Göttner-Abendroth

Inanna und der Gott der Weisheit

Inanna setzte die Schugurra, die Krone der Steppe, auf ihren Kopf. Sie lehnte sich an den Apfelbaum in ihrem heiligen Garten. Als sie sich so, nackt, nur mit der Krone auf dem Kopf, an ihren Apfelbaum lehnte, war ihre Vulva wunderbar anzuschauen. Inanna freute sich über ihre wunderbare Vulva und spendete sich selber Beifall: »Ich bin die Göttin des Himmels und der Erde. Ich bin die Königin aller Gestirne. Alle Weisheit des Lebens fließt aus meinem Schoß, meiner wunderbaren Vulva. Dennoch werde ich nach Eridu gehen, nach Eridu bei den tiefen, süßen Wassern, zum Tempel des Gottes der Weisheit und sehen, was es mit seiner Weisheit auf sich hat!«

Inanna machte sich auf die Reise. Als sie sich Eridu bei den tiefen, süßen Wassern näherte, sprach der alte Enki, der Gott der Weisheit, der die Gesetzestafeln aller Tempel von Sumer hütete und dessen Ohren weit offen waren, zu seinem Priester: »Komm herbei, mein Diener! Ich höre Inanna sich meinem Tempel nähern. Wenn sie eintritt, erfrische ihr Herz mit kühlem Wasser, gib ihr Butterkuchen zu essen und gieße ein Trankopfer von Bier vor der Löwinstatue aus. Begrüße Inanna am heiligen Altar und behandle sie achtungsvoll!«

Der Priester befolgte Enkis Worte. Dann tranken Enki und Inanna zusammen Bier. Sie tranken viel Bier, und sie tranken immer mehr Bier. Mit ihren bronzenen Gefäßen, bis über den Rand gefüllt, diesen Gefäßen von Urasch, der Mutter Erde, prosteten sie einander herausfordernd zu.

Enki, schwankend von Trunkenheit, trank Inanna zu und

sprach: »Im Namen meiner Macht! Im Namen meines Tempels! Der schönen Göttin Inanna werde ich alles geben: die Göttinschaft von Sumer, das Hohepriesterinnentum von Sumer, die Krone und den Thron über das ganze Land.«

Inanna antwortete gelassen: »Das nehme ich!«

Enki hob sein Gefäß ein zweites Mal und prostete Inanna zu: »Im Namen meiner Macht! Im Namen meines Tempels! Der schönen Göttin Inanna werde ich die Erkenntnis der Wahrheit geben: durch die Kunst der Liebe und die Feier der Heiligen Hochzeit, durch ihren Abstieg in die Unterwelt und ihre Wiederkehr aus der Unterwelt.«

Inanna lächelte und antwortete: »Das nehme ich!«

Enki hob sein Gefäß und prostete Inanna ein drittes Mal zu: »Im Namen meiner Macht! Im Namen meines Tempels! Der schönen Göttin Inanna werde ich die Macht über das Schicksal geben. Sie soll die Gestirne regieren und die Herzen aller Menschen in Freude und Trauer bewegen. Alle heiligen Tempel von Sumer sollen ihr gehören.«

Inanna lächelte noch mehr: »Das nehme ich!«

Vierzehn Mal hob Enki sein Gefäß und prostete Inanna zu. Vierzehn Mal nahm Inanna an, was er ihr bot. So wurde sie Herrin über ganz Sumer. Taumelnd vor Trunkenheit sprach Enki zuletzt zu seinem Priester: »Mein Diener – die schöne Göttin Inanna – ich glaube, sie will wieder nach ihrer Stadt Uruk aufbrechen. Ich wünsche ihr, dass sie ihre Stadt sicher erreicht.«

Inanna nahm alle Gesetze der Wahrheit und des Schicksals mit. Und sie nahm die Gesetzestafeln aller Tempel von Sumer mit, die Macht über das ganze Land, die sie soeben bekommen hatte. Sie lud diese Gesetzestafeln, auf denen alles geschrieben stand, was Enki versprochen hatte, in das Himmelsboot, den schwimmenden Mond. Sie stieß mit dem Himmelsboot, voll beladen mit ihrer Macht, vom Kai von Eridu ab.

Als das Bier denjenigen verließ, der zuviel davon getrunken hatte, als es von dem alten Enki wich, als das Bier endlich den großen Gott der Weisheit verlassen hatte, schaute er sich in seinem Tempel in Eridu um. Er rief seinen Priester: »Mein Diener, wo sind die heiligen Tafeln, auf denen die Gesetze aller Tempel von Sumer aufgezeichnet sind, auf denen die Macht über ganz Sumer geschrieben steht, die göttliche Weltordnung?«

»Mein Herr hat sie soeben der schönen Göttin Inanna übergeben.«

Da rief Enki entsetzt aus: »Und wo ist das Himmelsboot, der schwimmende Mond, das am Kai von Eridu ankerte?«

»Die schöne Göttin Inanna ist mit ihm davongefahren.«

Enki schrie: »Geh! Nimm die Dämonen mit dir und lass sie das Himmelsboot samt allen Gesetzestafeln zurückbringen!«

Der Priester beeilte sich, er erreichte Inanna im schwimmenden Boot und sprach: »O Göttin, meine Herrin, Enki schickt mich nach euch aus. Dem Wort des alten Gottes der Weisheit muss gehorcht werden. Er verlangt, dass ihr das Himmelsboot mit allen Gesetzestafeln zurückgebt.«

Da wurde Inanna zornig und rief: »Enki hat sein Wort gebrochen, sein Versprechen verletzt! In täuschender Absicht sprach er, als er sagte: im Namen meiner Macht – im Namen meines Tempels! In täuschender Absicht hat er dich zu mir gesandt!«

Kaum hatte Inanna diese Worte gesprochen, ergriffen die schrecklich behaarten Dämonen das Himmelsboot. Doch Inanna rief ihre Gefährtin Ninschubur herbei: »Komm, Ninschubur, Amazone des Ostens und Hohe Priesterin meines Tempels in Uruk! Komm, meine Gefährtin, die mir weisen Rat gibt, meine Kriegerin, die an meiner Seite kämpft! Wasser berührte weder deine Hände noch deine Füße. Komm und rette das Himmelsboot mit den heiligen Tafeln!«

Da durchschnitt Ninschubur die Luft mit ihrer Hand. Sie stieß den Schrei aus, der die Erde erschüttert, und warf die haarigen Dämonen wie einen Wirbelsturm auf Eridu zurück. Das Himmelsboot setzte unbehelligt seine Fahrt fort und gelangte zum Großen Tor von Uruk. Es schwamm durchs Tor im hohen Wasser der Kanäle, im Wasser, das noch über Straßen und Wege floss.

Das Volk von Uruk feierte voll Freude. Priesterinnen begrüßten das Boot mit Gesang, der König opferte Ochsen und Bier, Trommeln und Tamburine klangen. Die Kinder lachten und sangen, die Frauen boten Liebe an, die Männer präsentierten ihre Äxte, die Alten gaben Rat, alle Welt rief Inannas Namen. Das Himmelsboot ging am Tempel von Uruk, dem Haus der Inanna, vor Anker. Die heiligen Gesetzestafeln wurden ausgeladen, dem Volk gezeigt und mit lauter Stimme vorgelesen. Nun wussten alle von Inannas Macht über ganz Sumer. Sie sprach feierlich: »Der Platz, wo das Himmelsboot anlegte, soll von nun an Weißer Kai heißen. Und den Platz, wo die heiligen Tafeln dem Volk vorgelesen wurden, nenne ich ab jetzt den Lapislazuli-Kai.«

Da ließ Enki seine Stimme aus der Ferne vernehmen: »Im Namen meiner Macht! Im Namen meines Tempels! So sollen die Gesetzestafeln der Macht über Sumer nun in deiner Stadt bleiben. Mögen die Menschen in deiner Stadt gedeihen und alle Kinder Uruks sich freuen. Der Streit sei beendet, und das Volk von Uruk sei verbündet mit dem Volk von Eridu!«

So sprach Enki, der Gott der Weisheit, und Inanna blieb von nun an Herrin über ganz Sumer.

11. Lesben

»Ich erinnere mich, dass ich einmal von der Erotik-Bäckerei in Seattle mit einem Topfkuchen nach Hause ging, der oben drauf eine Vulva aus Marzipan hatte. Er war für mein Lesbische-Liebhaberinnen-Lunch gedacht, das ich am nächsten Tag veranstalten wollte. Wie ich so heim lief mit dieser wunderbaren Gaumenfreude, traf ich zufällig eine Freundin. Sie fragte mich, was in der Tasche sei. Ich zeigte es ihr. Da sagte sie: »Ou!« Ich fragte sie, warum sie so ihr Gesicht verzieht und »ou« sagt, als ob sie die Genitalien einer Frau eklig fände. Sie sagte, es sei halt nur nicht ihr Ding, so als ob ich den Kuchen nur deshalb toll fände, weil ich eine Lesbe bin. Aber egal, ob ich nun mit Männern oder Frauen zusammen bin: Ich halte die Genitalien von Frauen einfach deshalb für schön, weil ich solche Genitalien habe! Und sie hat auch solche Genitalien!« (Kirsten Anderberg)

»Die Vulva war also nie weg! Das ist schön. Schön ist auch, dass Lesben dazu beitragen konnten. Lesbische Frauen haben bereits in den 1970ern angefangen, Sexualität und den eigenen Körper nicht als Negativ des männlichen zu denken. Lesben haben ihre Erkenntnisse in die Kunst und Pornografie getragen, in die Naturwissenschaften, waren Pionierinnen der Queer und Gender Studies und haben auch allerhand hippiesken Unfug getrieben, der uns heute peinlich ist. Aber nicht nur das. Während der Mainstream nun die Alpha-Möse würdigt, haben Lesben ihre selbst getöpferten Teestöfchen in Vulvaform schon längst auf den Dachboden gestellt und den Dildo revolutioniert, den Vibrator getunt, die weibliche Prostata und Ejakulation populär gemacht. Es ist nicht einmal vermessen zu behaupten, dass vorwiegend Lesben die Wegbereiterinnen für die Wiederinbesitznahme des weiblichen Körpers sind. Nur scheint diese Information irgendwie in einem Funkloch verschwunden – sie steht zumindest nicht in diesem ansonsten lesenswerten Buch. Wie schade.«

So kommentierte Stephanie Kuhnen Mithu Sanyals Buch »Vulva«.[40] Gern greife ich diesen nachdrücklichen Hinweis auf die lesbische Geschichte auf, denn zweifellos hatte die Lesbenbewegung einen wesentlichen Anteil an der Selbstaneignung des weiblichen Körpers.

Im Rahmen der Frauenbewegung und vorausgegangener sozialer Bewegungen hatten die Lesben den heterosexuellen Frauen einiges in dem Punkt voraus, eine selbstbestimmte weibliche Körperlichkeit und Sexualität zu entdecken, ohne im Rahmen des Geschlechterverhältnisses erst einmal Rechte am eigenen Leib einklagen zu müssen. »Mein Bauch gehört mir« – so lautete der damalige feministische Slogan nicht nur, aber auch für das Recht auf Abtreibung. Es ist dabei auch wichtig zu betonen, dass die Frauenbewegung von lesbischen *und* heterosexuellen Frauen getragen wurde; die große Stern-Kampagne »Ich habe abgetrieben!« gegen den Paragraphen 218 wurde auch von Lesben unterstützt, wie andererseits heterosexuelle Frauen sich in feministischer Solidarität auf Demonstrationen lautstark »outeten«: »Wir sind Lesben, wir sind viele, und wir haben die Schnauze voll!«

Das zentrale Thema auch der heterosexuellen Frauen war dabei weit umfassender als dasjenige der Abtreibung: Es ging generell um das Recht auf eigene, freie Sexualität, Körperlichkeit und Gesundheit. Ob Lesben oder Heteras, Feministinnen betrieben Selbstuntersuchungen – die dazu nötigen Spekula wurden in den siebziger Jahren in Frauenbuchläden und Frauengesundheitszentren verkauft –, sie machten sich miteinander oder allein vorm Handspiegel mit ihrem Körper, ihrer Vulva, ihrer Vagina vertraut. Dabei fanden sie heraus, wie schön es ist, einen einzigartigen Frauenkörper zu haben. Die Lesben setzten noch eins drauf und fanden heraus, wie schön es ist, auch einen anderen Frauenkörper in seiner Einzigartigkeit zu lieben und von einer anderen Frau geliebt und liebkost zu werden.

Dabei stand Sex jedoch nicht ausdrücklich im Mittelpunkt. Jule Blum und Elke Heinicke vom »Lesbenring« beschreiben es rückblickend so: »Über Sexualität wurde immer debattiert. Es wurde viel geredet, aber oft erstaunlich wenig gesagt und vieles hartnäckig verschwiegen. Es ging meist ums Prinzip und nicht darum, was Kerstin und Astrid, Martina oder Susanne denn nun tatsächlich im Bett trieben.«[41]

Die beiden Autorinnen hakten daher nach und befragten Lesben schriftlich wie fernmündlich zum Thema Sex. Die Resonanz war erfreulich. Über hundert Antworten eröffneten ihnen Einblick in das, was Lesben über all die Jahre an Frauen geliebt, in Büchern genossen, an Sexdebatten interessant gefunden oder einfach nur für schrecklich gehalten hatten – wie etwa die lesbischen Sexzenen im Kultbuch der Frauenbewegung, »Die Scham ist vorbei« von Anja Meulenbelt: »Das war so Lila-Häkeldeckchen-Sex!«

Um bei den Büchern zu bleiben: Auf Platz eins der im Coming-out gelesenen Titel stand bei den allermeisten »Rubinroter Dschungel« von Rita Mae Brown, eine Autorin, die nicht nur schöne Sexszenen zu bieten hatte, sondern auch immer eine Extraportion Humor. Für seine Vielfalt geliebt wurde von vielen auch »Mein lesbisches Auge«, das kontinuierlich als »lesbisches Jahrbuch der Erotik« im Konkursbuchverlag von Claudia Gehrke erscheint. Auf höchst zwiespältige Resonanz stieß dagegen das auch S/M-Praktiken einbeziehende »Schöner kommen«, erschienen im Jahr 2000 im schwullesbischen Querverlag, herausgegeben von Manuela Kay und Anja Müller. Für weit, weit hitzigere Debatten sorgte jedoch das bereits 1981 bei »sub rosa« erschienene Buch »Sapphistrie« von Pat Califia, eine Art Bibel in Sachen S/M, Pornografie und zu der Zeit noch so Unfassbarem wie Vibratoren; ein Werk, das von einigen der damals rund vierzig bundesdeutschen Frauenbuchläden sogar boykottiert wurde.

Vielgeschätzt und vielgelesen, gewissermaßen der Klassiker mit ausführlichem Lesbenteil war das Frauen-Körperbuch »Hexengeflüster«, erschienen 1975 im »Frauenselbstverlag West-Berlin«: In dem lila gewandeten Büchlein ging es erstmals offen um Selbstbefriedigung!

Die Geschichte der Bücher skizziert den Weg der Auseinandersetzungen: Ging es in den siebziger Jahren zunächst darum, das Lesbischsein überhaupt erst einmal sichtbar zu machen, lesbische Identität zu entwickeln und den Sex zwischen Frauen vom Etikett einer Ersatzhandlung zu befreien, so wurde in den späteren Diskussionen mehr darüber gestritten, wie lesbischer Sex praktiziert wird. Ist er ganz anders als heterosexueller? Beginnt lesbische Liebe jenseits der Orgasmusfixiertheit? Spielt die Penetration überhaupt eine Rolle und wenn ja, welche? Ist lesbischer Sex auch in Verbindung mit Sextoys, gar mit *Darkrooms* und SM zu setzen? Darf eine Lesbe mit mehreren Frauen zugleich sexen? Oder gar mit Männern Sex haben?

Spät, erst in den neunziger Jahren, kam das hochexplosive Thema »Gewalt« hinzu: Als Erleben in lesbischen Beziehungen sowie – etwa für Gita Tost in ihrem Buch »Die Freischwimmerin. Lust und Grau(s)zonen lesbischer Sexualität« (Ulrike Helmer Verlag, 1999) – im Kontext vorausgegangener sexueller Gewalterfahrungen, wie sie Überlebende nun nachhaltig thematisierten. Auch Safer sex wurde erst in dieser Zeit stärker mit Aufmerksamkeit bedacht.

Im neuen Jahrtausend verbreitete sich Tantra als ein neuer Weg der sexuellen Erfahrung; jenseits solcher spirituellen Ansätze entzündete sich an neuen Publikationen oder auch Videos immer wieder die alte Debatte pro oder kontra Polygamie, Bisexualität, Dildos und andere Sextoys, SM, Pornografie. Wurde zum einen die Haltung vertreten, »Alles, was Lesben miteinander im Bett tun, ist lesbisch«, wiesen die anderen mit Nachdruck auf die Profite der Sexindustrie mit sexuellem Spielzeug hin und brandmarkten Penetration bei Lesben als Imitation heterosexueller Praktik. Ähnlich weit auseinander lagen die Positionen hinsichtlich Sexvideos.

Heute sind die Gräben bei weitem nicht mehr so tief wie einst. Bezüglich der verschiedensten Sexpraktiken wie auch der generellen Frage, welche Bedeutung Sex für lesbische Identität letztlich hat, ist die Toleranz gegenüber persönlichen Vorlieben gewachsen. Der Tenor lautet am ehesten »Jede, wie sie mag«. Kaum eine der jüngeren Lesben steht der realen Vielfalt an Praktiken noch schockiert gegenüber, ohne darin andererseits gleich eine Handlungsaufforderung zu sehen. Wir können uns Laura Méritts schöner Formulierung anschließen, es sei eben »das rechte Maß und die gute Maßlosigkeit«, die jede zu finden sucht.

Mit Selbstverständlichkeit haben längst auch Piercings und Tattoos Einzug in lesbische Körperprojekte gehalten. In den siebziger und achtziger Jahren widersetzte sich der neu entdeckte feministische Stolz auf das weibliche Genitale allerdings geradezu deren Schmückung. Die feministischen Entdeckerinnen der weiblichen Intimzonen kamen lange ohne Beiwerk aus. Ob Lesben oder Heten: Wir waren uns pur schon schön genug (oder bemühten uns zumindest um einen stolzen Blick auf uns selbst).

Die Impulse zur schmückenden und freilegenden Gestaltung kamen eher aus anderen Szenen. Unter Homo- und Bisexuellen gibt es mehr genital Gepiercte als unter Heterosexuellen, wie eine Studie belegen konnte, leider ohne zu verdeutlichen, ob sie von Männern bzw. Schwulen oder auch von Frauen bzw. Lesben spricht. Dasselbe Problem wirft die in verschiedenen Publikationen zu findende Bemerkung auf, die heute bekannten Genitalpiercings seien seit den 1960er Jahren in Clubs der Homosexuellenszene wie der SM-Szene eine Art von Erkennungszeichen für sexuelle Vorlieben gewesen (Stirn/Weigand). Dass es sich bei den genannten Homosexuellen tendenziell wohl eher um Schwule handelt, spricht aus folgendem Zitat: »In die moderne Zivilisation wurde Genitalschmuck seit etwa 1930 insbesondere durch nordamerikanische Homosexuelle und Anhänger der sadomasochistischen Szene wieder eingeführt. Dieser zunächst sehr kleinen Gruppe verhalfen die Schmuckstücke zur sexuellen Luststeigerung (Califia/Califia 1993). Hierbei wurden zunächst kleine Kettchen und Ringe meist mit Clips am Genital befestigt; erst später trat der Wunsch auf, das Glied dauerhaft zu schmücken, sodass (wie beim Ohrring) Löcher gepierct und Ringe hindurchgezogen wurden. Vor siebzig Jahren wäre allerdings noch niemand auf die Idee gekommen, sich einen Metallstab quer durch die Eichel zu stechen – inzwischen wird dies von erstaunlich vielen Menschen praktiziert.«[42]

Von geilen und ungeilen Worten

Wie reden Lesben über Sex und ihren Körper? Regine Nössler und Claudia Gehrke sind dieser Frage nachgegangen und stellten sie Frauen liebenden Frauen von Anfang zwanzig bis über sechzig.[43] Welche intimen Begriffe werden von Lesben benutzt, welche abgelehnt? Mit welchen Worten werden sexuelle Handlungen beschrieben?

Klar wurde: Es gibt eine ziemliche Breite an Begriffen, Vorlieben und Abneigungen. Das einzige Wort, das auffällig viele überhaupt nicht mochten und als unangenehm empfanden, war *Fotze*. Weder junge noch ältere Frauen konnten sich in größerer Zahl für diesen Begriff begeistern.

Die Klassiker *Vagina* und *Möse* fanden geteilte, aber überwiegend positive Aufnahme. Die Jüngeren konnten sich eher für *Pussy* und englische Worte erwärmen als die Älteren.

Eher überraschen mag, dass das Wort *ficken* für manche

durchaus benutzbar war, während andere es eher nicht hören mochten, wobei die älteren die Standardvokabel nicht überwiegend ablehnten bzw. die jüngeren sie bevorzugten. Inzwischen wird das Wort, auch in literarischen Texten offenbar eher positiv besetzt als früher. Bei rund der Hälfte der Frauen haben sich die Haltungen gegenüber dem einen oder anderen Begriff im Laufe des Lebens ohnehin geändert. Früher ging es ihnen mitunter einfach darum zu benennen und zu verstehen, also überhaupt über Sex reden zu können. Mehr Offenheit im Spiel mit den Worten kam erst mit steigender Erfahrung. Natürlich hatten die sprachlichen Vorlieben der Sexpartnerinnen keinen unwesentlichen Einfluss auf den eigenen Sprachgebrauch.

Die Frage blieb offen, wie sehr die Benutzung von Sexbegriffen abhängig ist vom Zusammenhang. Gibt es Worte für gewisse Gelegenheiten? Benutzen Frauen manche Begriffe, wenn sie drüber sprechen und andere, wenn sie's tun? Wird nur beim Dirty talk von *Fick* gesprochen, beim *Fick* aber nicht? Ist das gute alte F-Wort beim Versenden von sms so beliebt, weil es so schön kurz ist? Welche Worte finden sich in Mails und Briefen, welche nur in Gedanken? Manch eine spricht nie von *Titten* – außer wenn sie mit der Freundin im Gespräch herumspaßt. Dem Altbekannten stehen außerdem nicht allzu viele begriffliche Neukreationen gegenüber, etwa wenn die Rede ist von »*Deinem heißen harten Berg*«.

Lesben gefielen folgende Begriffe für bevorzugte weibliche Körperteile: Allen voran *Möse* (50%), *Vagina (38%), Pussy und Brüste* (beide ca. 18%), *Muschi, Klit, Klitoris (*alle drei ca. 15%), *Perle* (10%), *Titten, Cunt* (die beiden letzten unter 10%). Daneben sagen Lesben: *Möpse, Busen, Nippel, Schamlippen,* »*Dring bitte in mich ein*«, *Scheide, Lippen, Inneres, Döschen, Yoni, Mu, Mumu, Schlitz, Fut, Vöbe, Nasser Schlund, Mimi …*

Mehrheitlich abgelehnt wurde der Begriff *Fotze* (78%). *Muschi* fanden 20%, *Möse, Scheide, Titten, Vagina, Fut* und *Büchse* weniger als 10% der Frauen im Wortsinn unsäglich.

Weitere Unworte: *Blümchen, Loch, Busen, Glocken, Fischdose, Möpse, Tittis, Pussy*, Alle Begriffe mit Obst und Gemüse, *Lustgrotte, Kätzchen, Schambereich, Schamlippen, Schlund, Dose, Scham. ...*

Wurden die negative und positive Bewertung eines Begriffs gegenübergestellt, überwog die positive Wertung vor allem bei *Vagina*, aber auch bei *Möse* (zu 1/3). Bei *Titten* war die negative Bewertung doppelt so hoch wie die positive und *Muschi* stieß auf dreimal so hohe Ablehnung wie Begeisterung. Die Wertung von *Möpse* und – erstaunlicherweise – *Schamlippen* lag im negativen wie positiven Bereich gleich hoch.

Und was tun Lesben, wenn sie Sex haben? Nichts unbedingt Originelles, sofern man sie beim Wort nimmt: Sie vögeln, ficken, schlafen miteinander, gehen miteinander ins Bett, poppen, haben Sex oder Liebe, küssen, streicheln. Einige reiten, gehen rein, schlecken ab, penetrieren, blasen, kuscheln, kommen sich näher, reiben ... schwanzficken oder gehen »Blümchen streicheln«.

Eher ungern betätigen sie sich mit *bumsen*, *ficken*, *rammeln*, *Liebe machen*, *poppen*, *knallen*, *rübersteigen*, *penetrieren*, *lecken*, *knattern*, *auslaufen*, *abspritzen*. Nicht beliebt sind auch: das *Begatten* und *»eheliche Pflichten erfüllen«*. Auch »*Der Stimme der Natur*« wird nur ungern gefolgt, und auch »*Die Linsen in den Ofen schieben*« stößt nicht auf Gegenliebe. So oder so und in welchen Worten auch immer die Zuwendung einer zärtlichen Partnerin.

12. Was benannt ist, wird auch sichtbar

»Während Männer etwas haben, das sie vorzeigen und hervorheben können, haben wir etwas, das als Nicht-Ort, Nicht-Identität und Mangel erachtet wird – nicht nur physisch, sondern auch linguistisch und darauf aufbauend sozial und kulturell. Wie es die klassische feministische Theorie bereits beschrieben hat, gibt es ohne angemessene und anerkannte Bezeichnungen kein Gefühl von Besitz, eine Trennung des Mädchens von ihrem Körper ist die Folge und später eine Entfremdung von ihrer Sexualität.« (Mimi Spencer)

Frauen, und vor allem Mädchen, brauchen klare Worte für ihr Geschlecht, wenn sie es angemessen wahrnehmen und sich darüber verständlich mitteilen möchten. Harriet Lerner, die schon seit vierzig Jahren darauf hinweist, dass die Fehlbenennung des weiblichen Geschlechts gravierende Folgen hat, gründete mit anderen feministischen Wissenschaftlerinnen sogar einen Vulva-Club, um für eine korrekte Benennung zu sensibilisieren. Nichtsdestotrotz enthalten Aufklärungsbücher bis heute Informationen, die mehr Missverständnisse als Durchblick befördern. Eines dieser Bücher, in dem zwei Eierstöcke, ein Uterus und eine Vagina als weibliche Sexualorgane aufgezählt werden, kommentiert Lerner trocken: »Eine so partielle und missverständliche Benennung der weiblichen Genitalien könnte jedes pubertierende Mädchen dazu veranlassen, sich mit einem Spiegel auf dem Badezimmerfußboden niederzulassen und zu dem Schluss zu kommen, dass sie eine Missgeburt ist.«[44]

Jungen ist durchaus bekannt, dass sie einen Pimmel zwischen den Beinen haben. Dagegen beklagte sich ein kleines Mädchen bei seiner Lehrerin, dass ihr »Kanarienvogel« verletzt sei ... die verstand nur Bahnhof. Wie fühlt sich ein Mädchen, das über seine Genitalien reden will, wenn das Verstandenwerden allein von der sprachlichen Phantasie seiner Bezugspersonen abhängt? Es gibt nach wie vor keine kollektiv akzeptierte Bezeichnung, die kleinen Mädchen die hilflose Zuflucht zu begrifflichen ›Kanarienvögeln‹ erspart. Harriet Lerner interviewte Hunderte von Eltern dazu, warum sie ihren Töchtern nicht schlicht und ergreifend sagen, dass ihr Geschlecht Vulva heißt, und erntete einen Haufen Ausflüchte: zu wissenschaftlich, zu obszön sei das Wort, zu unbekannt, zu technisch, zu ...

Vulva. Wir sollten unseren Töchtern selbstverständlich und sogar mit Stolz sagen können, wie ihr Genital heißt, damit sie sich selbstbewusst und mit klaren Worten darüber äußern können, statt sich hinter nebulösen Angaben zu verstecken wie einst ihre Großmütter und Urgroßmütter. Der Phantasie bleibt jenseits eines kollektiv anerkannten Begriffs noch genug Raum. Wie erfinderisch Mädchen und junge Frauen im Kreieren liebevoller Zusatzbenennungen sind, zeigen die Vorschläge der Bloggerin »st_eve«:

»Begeisterungsknöpfchen, Bimsstein, Blinddarm, Blümchen, Bubiköpfchen, Clitoris, Damendegen, Dattelkern, Däumchen, Des Pudels Kern, Empfangsdame, Feigenwarze, Feuerdorn, Feuerstein, Fleischpopel, Freudenknopf bzw. -knöpfchen, Freiter, Funzeldocht, G-Punkt für Arme, Gaudiknopf, Genusswurzel, Glans, Glitzerknospe, Glitzerperle, Gligli, Himmelsschlüssel, Hornisse, Hühnerzunge, Juwel in der Lotusblüte, Kegelkopf, Kitzler, kitzliger Punkt, Klingelknopf,

Klit, Klitzchen, Klitty, kleiner Mann im Boot, Knallerbse, Knetbesen, Knopf, Knöpfchen, Knospe, Kronjuwel, Knutscher, Landzunge, Lappenanhänger, Lerchenzunge, Liebesperle, Lustdocht, Lustgrotte, Lustknopf bzw. -knöpfchen, Lötkolben, Lustkugel, Lustperle, Lustzapfen, Lutschknubbel, Matrose, Maus, Mäuschen, Mimose, Mutterkorn, Perle, Perle der Aphrodite, Perlenrüssel, Pflaumenkern, Pickel, Power Point, Prinzessin, Puntanella, Putzerl, Putzi, Quelle der Lust, Rotkäppchen, Rudi, Saubohne, Schleifstein, Schlösschen, Schnatterzapfen, Schneckchen, Schneckennudel, Schusterwarze, Schwammerl, Selbsttröster, Spielbeinchen, Spitzharfe, Starter, Torturm, Türklingel, Türklopfer, Venusknospe, Venusperle, Verkehrsknotenpunkt, Vogelbeere, Warze, Wassertierchen, Weibsperle, Wetzstein, Wichsknopf, Wichskorn, Wichsstein, Wichswarze, Wichszapfen, Wonneknopf, Wunderpunkt, Zitternadel, Zauberkirsche, Zauberperle [to be continued]«[45]

13. Das Beste zum Schluss

Ein stolzer Ritter reitet durch den Wald und trifft auf eine Fee. Da die Fee gerade gute Laune hat, ruft sie ihm zu: »He, Ritter, Ihr habt drei Wünsche frei!«

Der Ritter ist bass erstaunt und bedankt sich höflich.

»Also los«, drängt die Fee, »was wünschet Ihr?«

»Nun denn, dann wünsche ich mir – dass mein Pferd unverwundbar sei!«

»Kein Problem. Schon erledigt«, bestätigt die Fee.

Der Ritter staunt noch mehr und stammelt einen Dank.

»Gern geschehen«, sagt die Fee und wartet. Doch der Ritter schweigt. »Nun also, was wünscht Er noch?«, drängt sie und stapft ungeduldig mit dem zarten Fuß auf.

Der Ritter grübelt. Nach langem Nachdenken sagt er: »Tja, dann wünsche ich mir weiters, dass auch ich unverwundbar bin.«

Die Fee zuckt mit den Achseln. »Geht klar. Und nun?«

Der Ritter kommt aus dem Staunen gar nicht mehr heraus.

»Wie also lautet sein dritter Wunsch?«, fragt die Fee mit der Geduld einer Knappenkindergärtnerin.

Der Ritter denkt so angestrengt nach, dass sein Helm knarrt. Mit einem Mal geht ein Strahlen über sein Gesicht. »Ich wünsche mir …«

Die Fee trippelt ungeduldig vor ihm auf und ab.

»Nun denn, ich wünsche mir – ein so prächtiges Geschlechtsteil wie das von meinem Pferd!«

Die Fee lächelt und sagt: »Schon geschehen. Viel Spaß damit!« Und schwups, ist sie fort.

Der Ritter steht noch eine Weile staunend da, ehe er seinen Weg fortsetzt. Bald begegnet ihm Ritter Kuno von der Nächsten Burg, der sofort sein Streitross drosselt.

»Mein stolzer Gefährte, ich grüße Euch! Wohlan, alles klar?«

Unser Ritter erbringt die nötige Ehrerbietung. »Immer so weiter, mein Freund, ich danke Euch. Aber tätet Ihr mir mal einen Gefallen?«

Kuno wiegt bedächtig den Kopf. »Was kann ich für Euch tun?«

»Schießt auf mein Pferd.«

Kuno erstarrt. »Aber das ist – unmöglich!«

»Traut Euch nur, mein edler Freund. Es wird ihm nichts geschehen!«

»Nun denn, Ihr habt es so gewollt!« Und Kuno schießt.

Das Pferd bleibt unversehrt und wedelt nicht einmal mit dem Schweif.

»Itzo habe ich noch einen anderen Wunsch. Jetzt schießet unbesorgt auf mich!«

Kuno ist neuerlich entsetzt, überwindet sich aber und schießt auf die Schulter des stolzen Ritters. Auch der bleibt tatsächlich unverletzt. Kuno starrt ihn entgeistert an.

»Ihr seht, es ist alles so, wie ich sage!«

Der ritterliche Freund nickt verdattert.

»Das ist ebendarum, weil ich so groß und mächtig bin. Und das ist keines Wunders! Ich bin Herr eines großen Geschlechts. Schau er, was für ein mächtiges Teil ich mein eigen nenne!« Im Reden schnürt der Ritter den Gürtel auf, reißt sich das Gewand herab und lässt die Hose herunter. »Was sagt er dazu?«

Kuno erstarrt. »Bei meiner Seel'«, hebt er schließlich an, »das ist wahrhaft die allergrößte Muschi, die ich je erblickte!«

Anmerkungen

1 Susan Orbach berichtet von dieser Geschichte in ihrem äußerst lesenswerten Buch »Bodies«, S. 141ff.

2 Catrin Lorch, »*Süddeutsche*« vom 19.05.2012.

3 »Ursprünglich waren junge Mädchen die Zielgruppe der Hello-Kitty-Produkte; Mittlerweile gibt es Produkte für Frauen jeden Alters. Die Produktpalette reicht von Püppchen, Geldbeuteln und Textilien bis hin zu Haushaltsgeräten, Computerzubehör und Lebensmitteln. ›Hello Kitty‹ ist so zu einer Marke für so genannte »Kidults« geworden. Dies sind Erwachsene, die kindliche Verhaltensweisen und Vorlieben bewusst beibehalten.« Wikipedia (29.02.2012) Es sei darauf hingewiesen, dass es auch Hello-Kitty-Vibratoren gibt ...

4 Dieses sowie das darauf folgende Zitat: Borkenhagen/Brähler, Schamlos – Theoretische und empirische Aspekte des Trends zur Teil- und Vollintimrasur. In: dies. (Hg.): Intimmodifikationen, S. 77.

5 Diese und die hier folgenden statistischen Angaben wurden entnommen aus: Borkenhagen/Brähler (Hg.), Intimmodifikationen, S. 20f.

6 Krause/Brandhurst (Hg.): Ich nenne es »Da unten«, S. 23.

7 Schneider 2004, zit. nach: Borkenhagen/ Brähler (Hg.), Intimmodifikationen, S. 24.

8 Elisabeth Rohr, in: Borkenhagen/Brähler (Hg.), Intimmodifikationen, S. 41.

9 Dieter Korczak: »Schönheitsoperationen: Daten, Probleme, Rechtsfragen – Abschlussbericht«, erstellt im Auftrag der Bundesanstalt für Ernährung und Landwirtschaft, Bonn 2005.

10 Stefan Gress: Ästhetische und funktionelle Korrekturen im weiblichen Genitalbereich. Gynäkologisch Geburtshilfliche Rundschau 47(1), 2007.

11 Zitiert n. Borkenhagen/Brähler (Hg.), Intimmodifikationen, 103.

12 Daniela Dorneles de Andrade, Elena Jirovsky & Sara Paloni, in: Borkenhagen/Brähler (Hg.), Intimmodifikationen, S. 176

13 Die weibliche Genitalbeschneidung wird von den Vereinten Nationen und deren Sonderorganisation WHO als Genitalverstümmelung, *Female Genital Mutilation* (*FGM*) apostrophiert und als Verletzung der Menschenrechte angeprangert; sie enthält Frauen das Recht auf körperliche Unversehrtheit vor und stigmatisiert sie als Frauen. Auch *Terres des femmes* spricht von Genitalverstümmelung. Ich benutze dennoch den Begriff der Beschneidung, da auch dieser das Skandalon benennt, ohne dass er einer moralischen Zusatzgeste bedarf, die den westlichen Ländern angesichts der bei ihnen herrschenden Beschneidungssitten m.E. schlecht anstehen. Ich beziehe mich ausdrücklich auf die Studie »Weibliche Genitalbeschneidung« von Fana Asefaw. Darüber hinaus geht es mir in diesem Buch gerade darum zu zeigen, dass Frauen weltweit – wenn auch in unterschiedlichem Ausmaß und unterschiedlicher kultureller Einbindung – beschnitten oder, wie hierzulande, zur Selbstbeschneidung gebracht werden. Der Begriff der Verstümmelung erklärt die Frauen Afrikas in starkem Maße zu Opfern, während die Überbetonung der Freiwilligkeit und Selbstbestimmung in den Beschneidungsritualen unserer Kultur die kulturelle Dominanz frauenfeindlicher Körperideale und der sie verbreitenden Industrien verschleiert. Ich halte es für hilfreicher, in beidem verschiedenerlei Arten von Beschneidungen zu sehen.

14 Vgl. F. Asefaw, 2008.

15 INTAKT: Internationale Aktion gegen die Beschneidung von Mädchen und Frauen e.V., Plakataktion, 2002. Diese wie die folgenden Anmerkungen zum Text von Fana Asefaw stammen von ihr selbst, Anm. 17 stellt eine Ergänzung von mir dar. UH.

16 Maier, C.: Echo des Schweigens. Stimmen der Betroffenheit zur Genitalverstümmelung bei afrikanischen Imigrantinnen in Wien. Ethnologische Studie. Wien. Edition Rössner, 2003, S. 8.

17 Die Infibulation ist die extremste Form der Beschneidung, bei der die kleinen Schamlippen und die Klitoris, zumindest Teile davon, entfernt werden. Anschließend wird der Eingang der Vagina weitgehend verschlossen, so dass nur eine kleine Öffnung bleibt. Die Infibulationsnarbe wird zur Geburt wieder geöffnet (Deinfibulation) und anschließend von traditionellen Hebammen oder Beschneiderinnen neu verschlossen (Reinfibu-

lation). Fana Asefaw berichtet anhand ihrer Interviews, dass Frauen rund 15-20mal de- und reinfibuliert wurden. UH.

18 http://tierneylab.blongs.nytimes.com/2007/12/05/ circumcision-or-mutilation-and-other-questions-about-a-rite-in-africa/).

19 Lightfoot-Klein, Hanny: Der Beschneidungsskandal. Orlanda Frauenverlag, Berlin 2003: 17-21.

20 Ebd., 37.

21 Bei der *Kauterisation* oder *Kauterisierung* (griech.) wird Gewebe durch den Kauter oder chemische Mittel (Ätzmittel) zerstört. Dadurch kann z.B. eine Blutung gestoppt oder eine gutartige Wucherung entfernt werden. http://de. wikipedia.org/ wiki/Kauterisation; der *Kauter* (griech. Verbrenner, Brenneisen) ist ein chirurgisches Instrument zum Kauterisieren, das heute als Elektrokauter in Form einer feinen, durch elektrischen Strom erhitzten Drahtschlinge zum Einsatz kommt. Im Wesentlichen dient der Kauter während einer Operation zur Blutstillung oder zum Schneiden. http://de.wikipedia.org/ wiki/Kauterisation.

22 Hulverscheidt, M.A.: Weibliche Genitalverstümmelung. Diskussion und Praxis in der Medizin während des 19. Jahrhunderts im deutschsprachigen Raum. Göttingen, 2000, S. 158.

23 http://derstandard.at/druck/?id=3091925Link, Der weibliche Körper – ein boomender Markt?

24 Essén, B./Hanson, B. S./Ostergren, P. O. et al.: Increased perinatal mortality among Sub-Saharan immigrants in a city population in Sweden. Acta Obstet Gynecol et Scand. 2000; S. 79, S. 737-43.

25 *Cardiotokographie* – CTG bezeichnet in der Medizin die Herztonwehenschreibung.

26 Essén, B./Bödker, B./Sjöberg, N.-O. et al.: Is there an association between female circumcision and perinatal death? Bulletin of the World Health Organisation. 2002, S. 1-7.

27 Vangen, S./Johansen, R. E./Sundby, J. et al.: Qualitative study of perinatal care experiences among Somali women and local health care professionals in Norway. Eur J Obstet Gynecol Reprod Biol. 2004, S. 15, 112 und 29-35.

28 Knight, R./Hotchin, A./Bayly, C. et al.: Female genital mutilation-experience of the royal women's hospital, Melbourne. Aust N Z J Obstet Gynaecol. 1999; S. 39 und 50-4.

29 Thierfelder, C./Tanner, Marcel/Bodiang K.M.: Female genital mutilation in the context of migration: experience of African women with Swiss health care system. European Journal of Public Health Vol. 2005; 15. 1, S. 86-90.

30 Kentenich, H./Goesmann, C.: Empfehlung im Umgang mit Patientinnen nach weiblicher Genitalverstümmelung (female genital mutilation). Deutsches Ärzteblatt, 2005, S. 103-249.

31 In Eritrea besteht der Brauch, dass eine jungfräuliche Ehefrau als Anerkennung und Ehrung zur Hochzeit mit teurem Goldschmuck beschenkt wird; dies wird auch als Brautpreis bezeichnet.

32 F. Asefaw, Weibliche Genitalbeschneidung, S. 38f.

33 Diane Merritt: »Vulva and Genital Trauma« 2004, zitiert nach: A. Bernau, Mythos Jungfrau, S. 16.

34 Laura Méritt, zitiert nach: wolfsmutter.com/artikel1385

35 Beispielsweise das in diesem Kapitel zitierte Buch von Heide Göttner-Abendroth: Inannah – Gilgamesch – Isis – Rhea. Die großen Göttinnenmythen Sumers, Ägyptens und Griechenlands neu erzählt. – Weiteres hierzu im Literaturverzeichnis.

36 Vgl. Gerda Weiler, Ich brauche die Göttin. Zur Kulturgeschichte eines Symbols. Ulrike Helmer Verlag, Königstein am Taunus, 1997.

37 Zu diesen Entwicklungen vgl. u.a.: Gerda Lerner, Die Entstehung des Patriarchats. Frankfurt am Main/New York, Campus 1991.

38 Mithu Sanyal, Vulva, S. 36f.

39 Monika Gsell, Bedeutung der Baubo, S. 177.

40 *»Siegessäule«*, 30.09.2009.

41 Jule Blum, Elke Heinicke: Sex-Seiten. In: In Bewegung bleiben, S. 391f.

42 Erich Karsten, in: Borkenhagen/Grähler (Hg.), Intimmodifikationen, S. 52.

43 »Die Rede ist von Sex. Geile und ungeile Worte. Befragung zum sexuellen Sprachgebrauch«. Mein heimliches Auge 7, Tübingen 2008, S. 134-139. Die Fragen seien einer »repräsentativen Auswahl« von Lesben gestellt worden.

44 Spencer, zit. n. M. Sanyal, Vulva, S. 23.

45 http://maedchenblog.blogsport.de/2008/03/08/klitoris-die-schoene-bekannte/

Literatur

Angier, Natalie: Frau. Eine intime Geographie des weiblichen Körpers. Goldmann, München 2002.

Asefaw, Fana: Weibliche Genitalbeschneidung. Hintergründe, gesundheitliche Folgen und nachhaltige Prävention. Ulrike Helmer Verlag, Königstein 2008.

Bernau, Anke: Mythos Jungfrau. Die Kulturgeschichte weiblicher Unschuld. Parthas, Berlin 2007.

Borkenhagen, Ada / Elmar Brähler (Hg.): Intimmodifikationen. Spielarten und ihre psychoanalytischen Bedeutungen. Psychosozial-Verlag, Gießen 2010.

Devereux, Georges: Baubo. Die mythische Vulva. Syndikat/EVA, Frankfurt am Main 1985.

Ensler, Eve: Die Vagina-Monologe. Piper, München 2005.

Fischer-Homberger, Esther: Krankheit Frau. Zur Geschichte der Einbildungen. Luchterhand, Darmstadt 1984.

Frau. Ein Handbuch über Sexualität, Verhütung und Abtreibung, Schwangerschaft, Geburt, Körper und Krankheit, Klimakterium und Alter. Frauenbuchverlag, München 1978.

Heller, Eva: Welchen soll ich nehmen? S. 103-110 und S. 358-359. Ullstein, München 2003.

Gsell, Monika: Die Bedeutung der Baubo. Kulturgeschichtliche Studien zur Repräsentation des weiblichen Genitales. Stroemfeld, Frankfurt am Main/Basel 2001, S. 177.

Göttner-Abendroth, Heide: Inanna – Gilgamesch – Isis – Rhea. Die großen Göttinnenmythen Sumers, Ägyptens und Griechenlands neu erzählt. Ulrike Helmer Verlag, Königstein im Taunus 2004.

Göttner-Abendroth, Heide: Fee Morgane. Der heilige Gral. Die großen Göttinnenmythen des keltischen Raumes. Ulrike Helmer Verlag, Königstein im Taunus 2005.

Göttner-Abendroth, Heide: Frau Holle. Das Feenvolk der Dolomiten. Die großen Göttinnenmythen Mitteleuropas und der Alpen. Ulrike Helmer Verlag, Königstein im Taunus 2006.

Haarmann, Claudia: »Unten rum ...« Die Scham ist nicht vorbei. Innenwelt, Köln 2005.

In Bewegung bleiben. 100 Jahre Politik, Kultur und Geschichte von Lesben. Hrsg. v. Gabriele Dennert, Christiane Leidingen und Franziska Rauchut. Querverlag, Berlin 2007.

Krause, Bianca / Christoph Brandhurst (Hg.): Ich nenne es »Da unten«. Frauen erzählen über ihre Vagina, die Lust und den Sex. Schwarzkopf & Schwarzkopf, Berlin 2008.

Mein lesbisches Auge 7. Hrsg. v. Laura Méritt, Konkursbuch Verlag Claudia Gehrke, Tübingen 2008.

Meulenbelt, Anja: Die Scham ist vorbei. Eine persönliche Erzählung. Frauenoffensive, München 1979.

Orbach, Susie: Bodies. Schlachtfelder der Schönheit. Arche, Zürich – Hamburg, 2010.

Riedl, Michaela: Yoni Massage. Entdecke die Quellen weiblicher Liebeslust. Hans-Nietsch-Verlag, Freiburg 2006.

Roche, Charlotte: Feuchtgebiete. Dumont, Köln 2008.

Sanyal, Mithu M.: Vulva. Die Enthüllung des unsichtbaren Geschlechts. Wagenbach, Berlin 2009.

Schulz, Brigitte: Slipeinlage. Das offene Buch über Sex und seine kleinen Hindernisse. Ulrike Helmer Verlag, Sulzbach am Taunus, 2010.

Tost, Gita: Die Freischwimmerin. Lust und Grau(s)zonen lesbischer Sexualität. Ulrike Helmer Verlag, Königstein im Taunus 1999.

»Unser Körper, unser Leben«. Our Bodies, Ourselves. Ein Handbuch von Frauen für Frauen. Rowohlt, Reinbek bei Hamburg 1980.

Valitutti, Francesco / Diego Verdegiglio: Das Buch von der Vagina. Unter dem Feigenblatt. Marix Verlag, Wiesbaden 2004.

Walter, Natasha: Living Dolls. Warum junge Frauen heute lieber schön als schlau sein wollen. Krüger, Frankfurt am Main 2010.

Quellenverzeichnis

Der Beitrag »Slipeinlage« von Brigitte Schulz entstammt ihrem gleichnamigen Buch: Brigitte Schulz: Slipeinlage. Das offene Buch über Sex und seine kleinen Hindernisse. Ulrike Helmer Verlag, Sulzbach am Taunus, 2010.

Fana Asefaws Beitrag »Beschnittene Migrantinnen und psychisches Leiden« wurde entnommen aus: Fana Asefaw: Weibliche Genitalbeschneidung. Hintergründe, gesundheitliche Folgen und nachhaltige Prävention. Ulrike Helmer Verlag, Königstein 2008.

»Inanna und der Gott der Weisheit« stammt aus dem Buch: Heide Göttner-Abendroth: Inanna – Gilgamesch – Isis – Rhea. Die großen Göttinnenmythen Sumers, Ägyptens und Griechenlands neu erzählt. Ulrike Helmer Verlag, Königstein im Taunus 2004.

Die beiden Textpassagen von Eva Heller wurden mit freundlicher Genehmigung der Ullstein Buchverlage dem Roman »Welchen soll ich nehmen?« entliehen; die Überschriften »Sexual Guide« und »Feuer, bitte!« stammen nicht von Eva Heller, sondern von Ulrike Helmer.

Autorin und Beiträgerinnen

Fana Asefaw ist Ärztin. Sie promovierte und publizierte zum Thema »Genitalbeschneidung« und erhielt 2008 den Promotionspreis für Gynäkologie und Psychosomatik. In ihrer Publikation »Weibliche Genitalbeschneidung« schildert sie Beschneidungspraktiken und -folgen, ordnet sie in kulturelle und soziale Kontexte ein und führte dazu mit beschnittenen Frauen in Eritrea ebenso wie mit beschnittenen Migrantinnen in Europa ausführliche Gespräche.

Heide Göttner-Abendroth ist Philosophin und Kultur- und Gesellschaftsforscherin und gilt als Begründerin der Modernen Matriarchatsforschung. Sie leitet die 1986 von ihr in Deutschland gegründete »Internationale Akademie HAGIA«, war Lehrbeauftragte an verschiedenen Universitäten, organisierte und leitete zwei Weltkongresse für Matriarchatsforschung und wurde im Rahmen der weltweiten Initiative ›1000 Frauen für den Friedensnobelpreis 2005‹ nominiert.

Eva Heller wurde mit ihrem Romanerfolg »Beim nächsten Mann wird alles anders« 1978 zur Begründerin einer neuen, witzigen Frauenliteratur. Neben weiteren Romanen, darunter »Der Mann, der's wert ist« (1993) und »Welchen soll ich nehmen?« (2003), schrieb die promovierte Sozialwissenschaftlerin Sachbücher über Werbung und über die Wirkung von Farben, veröffentlichte Cartoons sowie Kinderbücher. Sie verstarb im Jahre 2008.

Ulrike Helmer verlegt seit 1987 Bücher. Als Studentin der Soziologie ertastete sie sich den Buchmarkt, indem sie das Romanmanuskript »Beim nächsten Mann wird alles anders« einer befreundeten Nachbarin abtippte, gern Buchhandlungsluft atmete und dann zehn

Jahre im Frankfurter Frauenbuchladen arbeitete. Seit Gründung des Verlages liegt ihr die ganze Bandbreite des »weiblichen Lebenszusammenhangs« (Ulrike Prokop) am Herzen – in Romanen, Biografien, historischen Werken und Fachliteratur zur Geschlechterforschung.

Brigitte Schulz war als Verhaltenstherapeutin beruflich bereits auf ›haarige Beziehungen‹ spezialisiert, bevor sie sich mit ihrem Buch »Slipeinlage« dem alltagskulturellen Rahmen zuwandte, der Sex zwischen Frauen und Männern bis in skurrilste Details hinein bestimmt. Die freie Autorin und Hippologin lebt und arbeitet auf dem Immenhof, einem Pferdehof in der Lüneburger Heide.

Die Deutsche Bibliothek verzeichnet diese Publikation in der Deutschen Nationalbibliografie; detaillierte bibliografische Daten sind im Internet über http://dnb.ddb.de abrufbar.

Umschlaggestaltung: Atelier KatarinaS | NL
Druck: Verlagsservice Niederland GmbH, Mörfelden-Walldorf
Printed in Germany
ISBN 978-3-89741-271-2

Ulrike Helmer Verlag
Neugartenstraße 36c, 65843 Sulzbach/Taunus
E-Mail: info@ulrike-helmer-verlag.de

www.ulrike-helmer-verlag.de